Albrecht Weber

Lebensäusserungen des Glaubens

Albrecht Weber

Lebensäusserungen des Glaubens

Besinnung zu den Lebensstadien des Menschen und Grundvollzügen des Glaubens

Fromm Verlag

Impressum/Imprint (nur für Deutschland/ only for Germany)
Bibliografische Information der Deutschen Nationalbibliothek: Die Deutsche Nationalbibliothek verzeichnet diese Publikation in der Deutschen Nationalbibliografie; detaillierte bibliografische Daten sind im Internet über http://dnb.d-nb.de abrufbar.

Coverbild: www.ingimage.com

Contact:
International Book Market Service Ltd., 17 Rue Meldrum, Beau Bassin, 1713-01 Mauritius
Website: www.bookmarketservice.com
Email: info@bookmarketservice.com

Gedruckt in: USA, UK, Deutschland. Dieses Buch wurde nicht in Mauritius produziert.

Imprint (only for USA, GB)
Bibliographic information published by the Deutsche Nationalbibliothek: The Deutsche Nationalbibliothek lists this publication in the Deutsche Nationalbibliografie; detailed bibliographic data are available in the Internet at http://dnb.d-nb.de.

Cover image: www.ingimage.com

Contact:
International Book Market Service Ltd., 17 Rue Meldrum, Beau Bassin, 1713-01 Mauritius
Website: www.bookmarketservice.com
Email: info@bookmarketservice.com

Printed in: U.S.A., U.K., Germany. This book was not produced in Mauritius.

ISBN: 978-3-8416-0186-5

INHALT

ZUM GELEIT

Welches sind die jedem **Lebensalter** besonders eigenen Chancen und Herausforderungen? Lassen sie sich als Gabe und Aufgabe Gottes erkennen? Von der Beantwortung dieser Fragen hängt gewiss auch ab, ob wir unser Leben meistern. Was ist das Besondere der Lebensstadien des Menschen, und welche Gnade legt Gott in sie hinein?

Der Autor, seit vielen Jahren als Pastor mit Menschen aller Altersstufen vertraut, geht diesen Fragen nach. Er verdankt die Idee zu den Betrachtungen hierüber dem in vielfacher Auflage erschienenen Büchlein des berühmten römisch-katholischen Theologen Romano Guardini (1885-1965) zu den „Lebensaltern". Der Verf. geht aber hierzu seine eigenen gedanklichen Wege.

Zugleich möchte der Verfasser mit Hilfe einiger bekannter **Lieder Paul Gerhardts** dazu helfen, **Grundvollzüge eines Lebens aus Glauben** schärfer in den Blick zu nehmen.

Er macht sich dabei die Glaubenserfahrung des neben Martin Luther bedeutendsten evangelischen Liederdichters deutscher Sprache zunutze.

Einige seiner bekanntesten Lieder werden für unsere Beziehung zu Gott erläutert. Eine Kurzübersicht über das Leben Paul Gerhardts mit dem Entwurf für eine Gemeindefeier zur Erschließung des Lebens und Wirkens des Liederdichters runden diese Schrift ab. Für dieses Kapitel war die Schrift von Friedrich Wilhelm Bautz, "... und lobten Gott um Mitternacht. Liederdichter in Not und Anfechtung", Stuttgart 1966, hilfreich.

Dies Buch ist entstanden aus zwei Reihen thematischer Predigten in der Stadtkirche Delmenhorst und einer Gemeindeveranstaltung anlässlich des 325. Todestages Paul Gerhardts im Jahr 2001 in dem nach ihm benannten Gemeindezentrum der Stadtkirchengemeinde Delmenhorst.

Die eine Reihe thematischer Predigten hatte die Lebensstadien des Menschen im Licht der Bibel zum Inhalt, die andere Reihe eine in Predigten ausgelegte Auswahl wichtiger Lieder Paul Gerhardts.

Die Bibelstellen sind nach der Übersetzung von Professor Dr. Hermann Menge (1841- 1939) zitiert.

Hermann Menge war ein promovierter deutscher Altphilologe, der in seiner beruflichen Zeit als Lehrer und Gymnasialdirektor wirkte. In seinem Ruhestand widmete er sich der Übersetzung zunächst des Neuen Testaments, später auch des Alten Testaments. Für die entsprechenden Verdienste wurde ihm von der Theologischen Fakultät der Universität Münster ein Ehrendoktortitel verliehen. Menge revidierte seine Übersetzung bis kurz vor seinem Tod mehrmals.

Nach dem deutschen Urheberrecht ist die Menge-Bibel seit dem 1. Januar 2010 gemeinfrei.

Möge Gott durch diese Schrift dazu helfen, den Glauben aller ihrer Leser zu stärken und damit froher und in Zeiten der Anfechtung getroster zu machen!

Trinitatiszeit 2011 Albrecht Weber

BESINNUNG ZU DEN LEBENSSTADIEN DES MENSCHEN

I KIND SEIN UND WIE EIN KIND WERDEN (KINDHEIT)

Ein **Wiegenlied aus Zentralafrika** lautet so:

„HERR, du hast es mir geschenkt; du willst, dass ich mit ihm spiele, dass ich es auf dem Rücken trage, dass ich es nähre.

HERR, und trüge ich Gold auf meinem Rücken, es wäre nichts! Kleidete ich mich in teuerste Stoffe, sie stünden mir nicht. Schmückte ich mich mit edelsten Perlen, sie verblassten wie Mondlicht.

HERR, du hast es mir geschenkt; du willst, dass ich mit ihm spiele, dass ich es auf dem Rücken trage, dass ich es nähre. So schreite ich zum Markt- froh und leichten Fußes, mit dem Kind auf dem Rücken.

HERR, du hast es mir geschenkt, dir danke ich!"

Dieser Mutter muss man nicht erst erklären, dass ein Kind ein kostbares Gut ist. In ihrer Liebe weiß sie dies. Sie nimmt dieses Geschenk aus Gottes Hand als das kostbarste Gut, kostbarer als alle Güter dieser Welt.

Jesus bestätigt diese Sichtweise, indem er sagt: „Wer sich demnach so erniedrigt (= demütig unter andere stellt) wie dieses Kind hier, der ist der Größte im Himmelreich; und wer ein einziges solches Kind auf meinen Namen hin (oder: um meines Namens willen) aufnimmt, der nimmt mich auf." (Matthäus 18,4-5)

In einer Gesellschaft, in der Menschen nach der Leistungsfähigkeit gemessen werden, gilt es, diese Sichtweise neu zu lernen:

Wer ist nach Jesus bei Gott der Größte? Nicht der, der das meiste leistet, auch nicht der, der das meiste in religiöser Hinsicht leistet, sondern der, der sich wie ein Kind beschenken lässt.

Würde sich ein kleines Kind nicht Tag und Nacht von seinen Eltern mit Nahrung, Wärme und Fürsorge beschenken lassen, stürbe es in Kürze. Nehmt das zum Beispiel, sagt Jesus: So wie sich Kinder von ihren Eltern unentwegt mit allem Lebensnotwendigen beschenken lassen, so seid nicht zu stolz, euch unentwegt von Gott beschenken zu lassen. Das, was Gott euch schenkt, seine Liebe und stetige Fürsorge, gibt euch einen unendlichen Wert, das gibt euch bleibende Größe.

Ruhm verblasst, Reichtum vergeht, Macht zerbricht. Wer aber Gottes Liebe beherzt ergreift und sich von ihr bestrahlen und verwöhnen lässt, der bleibt in Ewigkeit!

Die Wirklichkeit in Deutschland sieht jedoch anders aus. Wir leben nicht gerade in einer kinderfreundlichen Gesellschaft. Oft kann man in Einkaufsstraßen oder Supermärkten beobachten, wie genervte Eltern ihre Kinder barsch herumkommandieren und anschreien. So etwas haben meine Frau und ich bei Familienbesuchen in Asien (in Singapur) nie erlebt. Im Gegenteil waren wir dort sehr beeindruckt, wie liebevoll man mit Kindern umgeht. Wir haben dort in der Öffentlichkeit nie gehört, dass ein Kind weinte.

In Deutschland werden Kinder oft manipuliert und misshandelt. Der alte Satz, wonach eine Tracht Prügel noch niemandem geschadet habe, ist nachweislich falsch. Kinder, die in ihrer Familie Gewalt erlitten haben, neigen in ihrem späteren Leben dreimal so häufig zu Gewalttaten wie Kinder, die ohne Schläge aufwuchsen. Natürlich müssen Kinder auch Grenzen lernen. Aber das kann ohne

Beleidigungen, seelische Verletzungen und körperliche Bestrafungen glaubwürdiger und überzeugender vermittelt werden.

Kinder werden immer häufiger ungeschützt der Brutalität und destruktiven Kraft des Fernsehens ausgesetzt. Sie werden vor dem Fernsehgerät als bequemem „Babysitter" abgesetzt, unabhängig davon, welche Sendung von dem Kind mit seiner sensiblen Seele gesehen wird. Hier haben Eltern eine große Verantwortung!

Das schreckliche Thema des **MISSBRAUCHS VON KINDERN** in Schulen und Einrichtungen von Staat und Kirchen hat in der Öffentlichkeit zu Recht breite Beachtung gefunden. Für die Kirchen, hier vor allem für die Römisch-katholische Kirche, stellen sich folgende Fragen, die bislang kaum zureichend beantwortet worden sind: Wie kann eine Institution, die dauerhaft Kinder zu den von ihr Betreuten zählt, verhindern, dass pädophile Männer, die zu Übergriffen auf Kinder neigen, als Mitarbeiter oder Geistliche angestellt werden? Gerade weil man ihnen in der Regel grundsätzlich Vertrauen entgegenbringt bzw. entgegenbringen sollte, ist es höchst gefährlich mit Blick auf Kinder, solche Männer in diese Vertrauensstellungen zu bringen bzw. das ihnen entgegengebrachte Vertrauen zu enttäuschen. Dies hat nicht nur persönlich dramatische Folgen für die menschliche, sexuelle und geistliche Entwicklung der missbrauchten Kinder, sondern auch einen unendlich folgenreichen Vertrauensverlust für die Kirche und ihre wichtige Botschaft selbst.

Wie konsequent werden Mitarbeiter oder Geistliche, die sich an Kindern vergangen haben, daran gehindert, nach Aufdeckung entsprechender Fälle in Zukunft mit Kindern alleine sein zu können? Die Meinung entsprechender Fachleute, eine dauerhafte therapeutische Veränderung entsprechend in ihrer Sexualität fehlentwickelter Männer sei nicht möglich, sollte man ernster nehmen als die hochgemute Meinung derer, die eine erfolgreiche Therapie für möglich halten. Rückfälle von angeblich therapierten Sexualstraftätern sprechen hier eine erschreckende Sprache. Im Zwiespalt bei verschiedenen Meinungen von Experten sollte man derjenigen den Vorzug geben, die den Schutz von Kindern am ehesten gewährleistet!

In jedem Fall ist zu hoffen, dass die von Staat und Kirchen beschlossenen Maßnahmen zur wirksamen Bekämpfung des Missbrauchs von Kindern ernsthaft und erfolgreich verwirklicht werden.

Bekannt ist, dass Missbrauch von Kindern innerhalb von Familien und Verwandtschaftsbeziehungen zahlenmäßig höher liegt als in öffentlichen oder kirchlichen Einrichtungen. An diese Thematik wagen sich bislang jedoch leider nur wenige Journalisten, Autoren und Schutzvereine heran.

Aufdeckung von Missbrauch, Entrüstung und Berichterstattung in der Sensations- und ernsthaften Presse hierüber sowie runde Tische und politische wie kirchliche Maßnahmen sind das eine; eine tiefer gehende Auseinandersetzung der Gesellschaft mit einem Grundübel in ihrer Mitte, ihren Ursachen und ihrer möglichen dauerhaften Abhilfe ist etwas anderes. Diese notwendige gründliche und heilsame Auseinandersetzung unserer Gesellschaft mit einer schweren Erkrankung in ihr selbst hat nicht einmal in Ansätzen begonnen.

Zum Thema Missbrauch von Kindern gehören auch **die KINDERPORNOGRAPHIE** und die damit verbundenen Verbrechen. Auch dies ist ein äußerst dunkles Kapitel unserer Gegenwart. Es zeigt zudem die Kehrseite des Informationsfortschritts, den die Entwicklung des Internet für fast jedermann heute bereithält. Seltsam ist es schließlich auch, dass

Hunderttausende von Bürgern sich für die „Freiheit des Internet“ gegen jede Art von Zensur ausgesprochen haben, aber nur wenige, fast vereinzelte Stimmen in unserer Gesellschaft sich für den Schutz von Kindern gegenüber sexuellem Missbrauch und sonstiger Ausbeutung ausgesprochen und eingesetzt haben.

Unsere gegenwärtige Bundesregierung ist zwar von der ursprünglich geforderten Sperrung von kinderpornographischen Internetseiten abgerückt, weil man diese umgehen könne und hat nun als ihr einvernehmliches Ziel erklärt anzustreben, die entsprechenden Seiten löschen zu lassen. Aber es ist merkwürdig still um diese Bemühungen geworden. Hat man denn wirklich diese hehren Ziele umgesetzt, und wenn ja, was war und ist ihr entsprechender Erfolg bzw. Misserfolg?

Jahr für Jahr werden in Deutschland immer weniger Kinder geboren. Dass Frauen heute finanziell nicht mehr unbedingt auf Männer angewiesen sind, gibt ihnen eine positive Freiheit. Auch gibt es respektable persönliche oder familiäre Gründe, keine eigenen Kinder zu wollen.

Früher lag der Anteil lebenslang kinderloser Frauen konstant bei zehn Prozent, (Dies entspricht in etwa dem Anteil von Frauen, die aus biologischen Gründen keine eigenen Kinder bekommen können). Heute ist der Anteil kinderloser Frauen auf über 20 Prozent gestiegen. Experten gehen davon aus, dass er weiter steigen wird.

Einer der höchsten Werte unserer Gesellschaft heißt **SELBSTVERWIRKLICHUNG**. Mag dieser Wert uns auch wie ein funkelnder Stern faszinieren, er hat keine Basis in der Bibel und hat mit den Werten Gottes nichts zu tun. Ein biblischer Wert ist zwar die Anwendung der Gaben, die Gott uns gegeben hat, aber dies geschieht hauptsächlich dadurch, dass ich diese

Gaben in den Dienst der mir anvertrauten Menschen und Aufgaben stelle. Jesus geht sogar so weit zu sagen: „Wer sein Leben erhalten will, der wird es verlieren; wer aber sein Leben verliert um meinetwillen, das wird's erhalten" (Lukas 9,24). Nachdem Jesus seinen Jüngern den Sklavendienst des Füßewaschens geleistet hat, sagt er: „Ein Beispiel habe ich euch gegeben, damit ihr tut, wie ich euch getan habe" (Johannes 13,15). Damit adelt Jesus jedes selbstvergessene helfende Tun, das in den Dienst anderer, ja der Hilfe bedürftiger Menschen gestellt wird. Wer aber wäre mehr der Hilfe bedürftig als ein kleines Kind?

Das Ziel der Selbstverwirklichung steht in unserer Gesellschaft eindeutig höher als der hingebungsvolle Dienst an Schwachen, eben auch an Kindern. Das betrifft Frauen und Männer gleichermaßen. Hier sind dringend Korrekturen im Lichte der Bibel notwendig, wenn nicht die Schwächsten, besonders auch Kinder, nachhaltig Schaden leiden sollen.

Ein Ehepaar oder eine Frau, die sich gegen ein Kind entscheiden, sparen bares Geld. Je nachdem, ob eine Mutter ganz oder teilweise zugunsten ihres Kindes auf die Ausübung ihres Berufes für eine bestimmte Zeit oder für immer verzichtet, kommen da einschließlich dramatisch niedriger Rente schnell einige Hunderttausende an Euro zusammen, je nach der Qualifikation und beruflichen Stellung der entsprechenden Mutter. Hiervon einmal abgesehen, beläuft sich allein der finanzielle Aufwand für ein Kind bis zum 18. Lebensjahr auf rund 120 000 Euro, wovon der Staat nur rund ein Viertel trägt. Die von der Familie für ein Kind zu schulternde Summe von 90 000 Euro entspricht fünf Autos der Marke VW Golf oder einem Einfamilienhaus auf dem Land. Aber was hatte die afrikanische Mutter gesagt? „Trüge ich Gold auf meinem Rücken, es wäre nichts!" Diese selbstlose, der hingebungsvollen und opferbereiten Liebe geschuldete Erkenntnis darf aber Politiker nicht daran hindern, Familien und besonders auch Mütter zu stärken, die mit Rücksicht auf Kinder ohnehin auf vieles verzichten.

Ein früherer Bundesminister (Ignaz Kiechle) hat einmal gesagt:
„Es muss sich unter jungen Ehepaaren noch viel mehr herumsprechen, dass auch der teuerste Mercedes niemals ‚Vater' oder ‚Mutter' sagen wird."

Jesus verspricht etwas Ungewöhnliches und Tiefes: "Wer ein einziges solches Kind auf meinen Namen hin (oder: um meines Namens willen) aufnimmt, der nimmt mich auf." (Matthäus 18,5)

Mit diesem Wort verleiht Jesus jedem Umgang mit Kindern einen hohen Rang. Dies gilt für den Umgang mit Kindern in jedem Bereich: Familie, Verwandtschaft, Nachbarschaft, Kirche, Schule, Kindergarten, Öffentlichkeit, Beruf und Politik.

Jeder, der Kindern mit Liebe und Ehrfurcht begegnet und ihr Wohlbefinden fördert, ehrt damit Jesus selbst.

Jeder aber, der meint, die Schwäche von Kindern ausnutzen und ausbeuten zu können, sollte die Warnung Jesu nie vergessen: »Wer aber einen von diesen Kleinen (oder: geringen Leuten), die an mich glauben, ärgert (oder: zum Bösen verführt), für den wäre es das beste, dass ihm ein Mühlstein um den Hals gehängt und er ins Meer versenkt würde, wo es am tiefsten ist." (Matthäus 18, 6)

Kindheit: **Frühling des Lebens**, immer bedroht durch Kälte der Willkür und Gleichgültigkeit von Menschen.

Kinderland: Dies ist ein **Märchenland,** ein Land der Abenteuer, der Entdeckungen, ein Land des großen Staunens, der großen Freude an einfachen Dingen und der Dankbarkeit über so etwas Schlichtes wie ein Lächeln oder eine zärtliche Berührung!

Kinderwelt: Dies ist eine Welt, in der Blumen, Tiere und Menschen noch eine innige, vertrauensselige Einheit bilden.

Kinder spielen: Inhaltsreiche Bücher sind geschrieben worden über den „spielenden Menschen“ (homo ludens), über das Kind im Erwachsenen, der sein Rennauto oder die schäbig gewordene Puppe der Kinderzeit liebt.

Im Spiel fallen die Mauern zwischen Rassen und Konfessionen: Das schwarze Kind reicht seine Hand dem weißen Kind, das deutsche Kind schließt innige Freundschaft mit dem türkischen Kind.

Schließlich die **Kinderaugen**: Wie können Kinderaugen strahlen! Oft versetzen sie ihre Eltern und Großeltern in Staunen - durch einen Gedankenblitz oder durch eine verblüffende Antwort. Wo Kinder Geborgenheit und Liebe erfahren, sind ihre Augen oft Fenster, durch die man in eine paradiesische Welt schauen kann.

Sicher werden auch Kinder frühzeitig im Leben schuldig, können grausam und aggressiv sein und brauchen Vergebung. Aber nicht selten ist ihre Aggressivität und Verhaltensstörung eine Auswirkung des Fehlverhaltens von Erwachsenen.

Besonders gesegnet sind solche Kinder, denen ihre Eltern, Großeltern und Paten von Gott erzählen, der auch dann noch da ist, wo die Kraft der Erwachsenen zu Ende ist. Von Gottes Vergebung können ja auch Eltern selbst leben und sich ihm im Leben und Sterben anvertrauen. Dann weisen Mutter und Vater weit über sich hinaus auf einen väterlichen und mütterlich tröstenden Gott. Dieser kann auch dann noch retten, wenn die irdische Mutter und der irdische Vater gestorben sind.

Wenn es recht zuging, konnten wir in der Liebe unserer Mutter und unseres Vaters tatsächlich so etwas wie einen Abglanz der Liebe Gottes wahrnehmen: In durchwachten Nächten, in sorgenvoller Anteilnahme, in steter Offenheit für unsere Mühen und Hoffnungen, in der Bereitschaft, uns zu vergeben und uns großzügig zu beschenken. Da haben wir gespürt: Gott ist greifbar nahe, wir sind bei ihm geborgen. So kann uns die Kindheit an ein früheres Paradies erinnern und die Hoffnung auf ein zukünftiges Paradies wachrufen. Dies gilt oft selbst dann, wenn in der Kindheit Krieg, Entbehrung, Flucht, Mangel, Angst und Erschütterungen nicht fehlten.

Wie sieht nun eine **Erziehung im Sinne dieses Gottes** aus? **Das erste, was ein Kind wird erfahren müssen, ist das große JA GOTTES zu uns Menschen**. Dies JA GOTTES zu uns ist während unserer Lebenszeit unabhängig davon, ob wir artig oder unartig, gehorsam oder ungehorsam sind. Erst an zweiter Stelle kommt das NEIN Gottes, nicht zu uns selbst, sondern zu unseren Abwegen, die für uns verderblich sind. Aber dieses Nein, das jedes Kind erfahren muss, darf das JA nicht verdunkeln. Darum kann Paulus auch sagen:

„Denn alle, die vom Geiste Gottes geleitet (oder: getrieben) werden (oder: sich leiten lassen), die sind Söhne Gottes. Der Geist, den ihr empfangen habt, ist ja doch nicht ein Geist der Knechtschaft, so dass ihr euch aufs Neue fürchten müsstet; sondern ihr habt den Geist der Sohnschaft empfangen, in welchem (oder: durch den) wir rufen: »Abba, (lieber) Vater! Eben dieser Geist ist es, der vereint mit unserm Geiste ihm bezeugt, dass wir Gottes Kinder sind.“ (Römer 8,14ff.)

So bleiben wir Christen auch noch als Erwachsene Kinder, nämlich Kinder Gottes, können uns bei ihm geborgen und von ihm geführt wissen.

Auch wer sehr alt geworden ist, denkt in der Regel gerne an seine Kindheit zurück. So bleibt sie in uns zeitlebens lebendig, wichtig und wirksam.

Kann es etwas Größeres geben als Kind zu sein? (Siehe Matthäus 18,1-5)

II JUNG SEIN UND JUNG IM HERZEN BLEIBEN (JUGEND)

„Unsere Jugend liebt den Luxus, sie hat schlechte Manieren, missachtet die Autorität und hat keinen Respekt vor dem Alter. Die heutigen Kinder sind Tyrannen. Sie stehen nicht mehr auf, wenn ein älterer Mann das Zimmer betritt, sie widersprechen ihren Eltern, sie schwätzen in Gesellschaft anderer, schlürfen beim Essen, tyrannisieren die Lehrer." **Sokrates, (469- 399 v. Chr.)**

„Ich habe keine Hoffnung mehr für die Zukunft unseres Volkes, wenn sie von der leichtfertigen Jugend von heute abhängig sein sollte. Denn diese Jugend ist ohne Zweifel rücksichtslos und altklug. Als ich noch jung war, lehrte man uns gutes Benehmen und Respekt vor den Eltern; aber die Jugend von heute will alles besser wissen und ist immer weit mit dem Munde vorweg."
Hesiod, (geb. vor 700 v. Chr.)

„Unsere Erde ist heruntergekommen in diesen letzten Tagen. Kinder gehorchen den Eltern nicht mehr. Jedermann will Bücher schreiben. Das Ende der Welt ist nahe." **Ein ägyptischer Priester, (um etwa 2000 v. Chr.)**

Es führt zu nichts, der Zeit nachzutrauern, in der unsere Kinder noch „lieb und nett" waren und unsere Autorität uneingeschränkt anerkannt haben. Eine neue Entwicklungsphase hat begonnen, der Übergang zum Erwachsenwerden, zu Eigenverantwortung und Selbständigkeit. Wollen wir unseren Jugendlichen zum Vorwurf machen, dass sie mit dreizehn oder vierzehn Jahren dieses Ziel noch nicht erreicht haben? Die „Abnabelung" unserer Sprösslinge geschieht manchmal abrupt. Oft sind wir schockiert und verletzt. Wir fragen uns betroffen und erstaunt: Sind wir wirklich solche Rabenmütter und Rabenväter, wie unsere jungen Damen und Herren uns darstellen? Geduld! Unsere Freunde, deren pädagogische Fähigkeiten wir so oft bewunderten, geraten irgendwann auch in die „Schusslinie“ der Kritik ihrer „Teenies“, manchmal sogar später als normal. Das gibt uns nicht Anlass zu Schadenfreude, aber zur Gelassenheit. Keine Tochter will eben Kopie ihrer Mutter, kein Junge ein unverändertes Spiegelbild seines Vaters werden. Daher die Kritik der jungen Herrschaften, um sich selbst, um den eigenen Weg zu finden. Sollten wir ihnen dazu nicht Zeit lassen?

Der junge Mensch braucht etwa zehn Jahre, bis er sich selbst gefunden hat. Es mag für uns ein wenig anstrengend sein, dass wir keine „fertigen“ Kinder und keine „fertigen“ Erwachsenen zaubern können! Aber zu wissen, dass dieser mühsame Entwicklungsprozess keinem Jugendlichen und damit keiner Mutter und keinem Vater erspart bleibt, nimmt dem Geschehen die Dramatik.

Dennoch gehören in der Regel zu dieser Entwicklungszeit Kämpfe und Spannungen. Gerade wenn man die Eltern liebt und schätzt, kostet es Kraft, ihnen die eigene Meinung nicht einfach zu opfern. Das wäre ja auch schlecht. Denn wir wollen ja keine blinden, unkritischen „Jasager“ hervorbringen, sondern junge Erwachsene, die sich im Abwägen verschiedener Meinungen ihre eigene Überzeugung bilden. Wenn wir als Erwachsene dies erst einmal bejaht haben, sehen wir den „Widerspruch“ unserer jugendlichen Kinder, Schüler, Lehrlinge und Konfirmanden positiv. Denn erst in der Gegenthese zur Meinung der Älteren kann sich bei den Jugendlichen eine eigenständige Überzeugung und Weltsicht bilden. So müssen wir Erwachsenen hier vielfach umlernen. Den oft harten Widerspruch der Jugendlichen sollten wir nicht sofort als „Frechheit“ abtun, sondern vielfach als berechtigten Versuch ansehen, durch den herausgefunden werden soll, was am Ende wirklich trägt.

Wichtig ist, dass Eltern, Lehrer und Pastoren Jugendliche auch in dieser schwierigen Zeit ganz ernst nehmen. Wir gehen dann mit ihnen

partnerschaftlich um und ermöglichen ihnen Selbständigkeit, soweit das ohne Gefährdung ihrer selbst möglich ist. Geduld, Humor, Gelassenheit, Gottvertrauen, das sind die Kräfte, die Eltern, Lehrer und Pastoren in dieser Zeit brauchen.

Dies alles hilft uns dann auch, nicht jeden Widerspruch und jede Kritik als „Majestätsbeleidigung" anzusehen. Wir bemühen uns vielmehr, dies als das legitime Bestreben anzusehen, sich abzunabeln von der zwar gutgemeinten, aber für die Entwicklung zur Selbständigkeit eher hinderlichen Bevormundung und Fürsorge durch all die „Autoritätspersonen".

Selbst Jesus hat sich von seinen Eltern abgenabelt. Als er im Alter von 12 Jahren zum ersten Mal mit ihnen zum Feiern des Passafestes von Nazareth nach Jerusalem pilgerte, da ging er seinen eigenen Weg, indem er einfach im Tempel, im Gotteshaus, blieb und mit den Schriftgelehrten über die Bibel diskutierte **(Lukas 2, 41 –52)**.

Ich sehe in dieser Geschichte Jesus in erster Linie als einen jungen Mann, der zwar im Inneren von seiner großen Berufung weiß, dem aber trotz seiner göttlichen Herkunft nicht die Mühen der menschlichen Entwicklung erspart blieben. Wir haben von den weihnachtlichen Kindheitsgeschichten bis zu Jesu öffentlichem Auftreten als Erwachsenem nur diese eine Geschichte aus dem Leben Jesu. Zum Glück haben wir wenigstens diese Geschichte! Sie zeigt: **Ein Jugendlicher kann in bestimmten Erkenntnissen sogar Erwachsenen voraus sein.**

Die Schriftgelehrten staunten darüber, wie Jesus die Bibel nicht nur kannte, sondern als Jugendlicher deuten konnte. So schmerzlich es auch für Maria und Josef war, Jesus tagelang zu suchen, so wichtig war es gleichzeitig für sie zu erkennen: Unser Sohn wird nicht einfach unseren eigenen elterlichen Weg weitergehen, sondern er wird seinen eigenen Weg gehen. Sicher, dieser Weg kann ein Weg gegen den elterlichen Rat sein, weil Gottes Ruf nicht immer mit den Ideen der Eltern übereinstimmt.

So war es etwa bei FRANZ VON ASSISI, der als Sohn eines reichen Tuchhändlers 1182 in Assisi in Norditalien geboren wurde. Franz wurde von Gott durch eine Krankheit auf seinen Weg vorbereitet. Gegen den Willen des Vaters schwor Franz allem Luxus ab und gründete einen der bedeutendsten Armutsorden der katholischen Kirche. Dies war damals ein flammender Protest Gottes gegen eine verflachte Kirche, die ihre Weltherrschaftsideen gewaltsam durchsetzte.

Ähnlich handelte Gott durch MARTIN LUTHER. Sein Vater hatte es als Besitzer eines kleinen Bergwerkes zu einem bescheidenen Wohlstand gebracht und wünschte sich für seinen begabten Sohn Martin, dass dieser einmal Jurist und vielleicht Bürgermeister würde. Aber Martin kam in einem Gewitter, in dem sein Leben auf dem Spiel stand, zu der Erkenntnis, dass ein Leben als Mönch Gottes Wille sei. Auch hier stand diese Erkenntnis gegen den Willen des Vaters. Freilich: In der **Geschichte vom barmherzigen Vater (bekannt als „Gleichnis vom verlorenen Sohn“, Lukas 15, 11-32)** geht es zwar ähnlich, aber doch inhaltlich anders zu:

Nicht weil Gottes Wille gegen den Willen des Vaters steht, kommt es zum Konflikt zwischen jugendlichem Sohn und Vater. Es kommt zu einer Entfremdung, weil dem Sohn die ganze Richtung im Elternhaus nicht stimmt. Alles ist ihm zu eng, vielleicht zu kleinbürgerlich, vielleicht zu dörflich, auf jeden Fall zu verstaubt. Er will hinaus, in die Fremde. Er will etwas erleben, er strebt nach Freiheit, nach totaler Ungebundenheit. Weg auch mit den moralischen und religiösen Fesseln seines Elternhauses! Warum immer nur kleinlich sparen, wenn man das Geld auch großzügig ausgeben kann! Warum immer nur einer Freundin oder einer Frau die Treue halten, wenn man mit vielen Freundinnen und vielen Frauen das Leben genießen kann! Und so lebt der junge Mann aus dem Vollen. Die Erbschaft, die er sich noch zu Lebzeiten des Vaters hatte auszahlen lassen, ist bei so vielen feuchtfröhlichen Runden und bei so einem „weltmännischen“ Lebensstil bald aufgezehrt; die vielen Freunde, die er immer freigehalten hatte, sind in alle Himmelsrichtungen verschwunden und die „Lebedamen“, mit denen er sich die Nächte hindurch vergnügt hatte, wollten auch nichts mehr von ihm wissen.

Haben wir, von diesem ungewöhnlichen Lebensstil einmal abgesehen, nicht eine Sympathie für diesen jungen Mann? Einmal frei sein! Nicht immer nur tun müssen, was andere sagen! Mal aus dem Vollen schöpfen! Verstaubte Moral zur Seite schieben! Aus kleinkarierter Enge ausbrechen, wo Nachbarn und Vereinsmitglieder mir vorschreiben, wie ich gefälligst zu leben habe!

Ja, ich muss ihnen das Ketzerische gestehen, dass ich eine gehörige Portion Sympathie für diesen jungen Mann in der Geschichte Jesu habe. Andererseits erkenne ich plötzlich: Es ist die Geschichte der jugendlichen und weit über die Jugendzeit hinausgehende Revolte gegen Gott.

Ein Misstrauen ist weit verbreitet, die Wegweisungen Gottes würden unser Leben einengen und uns gerade nicht in die gewünschte Freiheit führen! Kennt nicht jeder von uns wenigstens für bestimmte Phasen oder Momente seines Lebens diese Revolte gegen Gott?

Sich von Vater und Mutter abnabeln und ihnen doch in kritischer Freundschaft lebenslang verbunden bleiben: Man kann nur hoffen, dass jedem jungen

Menschen dies Unternehmen gelingt und das Verhältnis zu Mutter und Vater nicht bleibenden Schaden leidet. Aber den himmlischen Vater als einengenden Zwingherrn ansehen und ihm davonlaufen, das endet wie in der Beispielgeschichte Jesu am Nullpunkt: am Schweinetrog.

Ich nehme an, jeder ahnt, was mit diesem Bild in Jesu Geschichte gemeint ist: Wenn ich diesen Weg vom himmlischen Vater weg konsequent gehe, komme ich an einen Punkt, wo ich die Achtung vor mir selber verliere, weil mir alle Maßstäbe abhanden gekommen sind.

Aber glücklicherweise ist das nicht das Ende der Geschichte. Sondern auf dem Tiefpunkt seiner Odyssee erinnert sich der jugendliche Abenteurer an seinen Vater und macht sich auf den Weg zu ihm. Welch ein Wunder, dass dieser Sohn nicht verstoßen, sondern freundlich aufgenommen und in alle Rechte eines Sohnes auf einem Gutshof neu eingesetzt wurde: Aus jugendlicher Laune hat er alles verspielt, aus göttlicher Liebe alles wiedergewonnen. Verstehe das, wer kann!

Was sind **die Vorzüge der Jugendzeit?**
Das Schönste und der auch für die Erwachsenenzeit weiterwirkende wertvollste Gewinn der Jugendzeit sind die **Freundschaften**, die in ihr entstehen. Diese Freundschaften überbrücken oft völlig unkonventionell Grenzen von Feindschaften und Vorurteilen: So entstehen nicht selten bei Jugendlichen Freundschaften über die Grenzen zwischen verfeindeten Menschengruppen, Völkern, Konfessionen, Parteien und Religionen hinweg!

Eine ergreifende Geschichte solcher Freundschaft: Die **Freundschaft zwischen David und Jonathan**, dem Königssohn. Jonathan rettet seinen Freund vor dem Hass seines Vaters Saul, des Königs von Israel! So ist diese Freundschaft stärker als alle Bande des Blutes und der Familientradition. Diese Freundschaft schafft es, das Leben des mit dem Tode bedrohten Freundes zu retten! (1. Samuel, Kapitel 18- 23)

Ein großer Vorzug der Jugendzeit ist es, **Ideale zu haben und ernsthaft zu verfolgen.** Mich hat es immer wieder sehr beeindruckt, mit welcher Energie sich beispielsweise Konfirmanden für die Erhaltung von Tierarten, die vom Aussterben bedroht sind, für Hilfe gegenüber sozialen Randgruppen und der Entwicklungsländer engagieren. Gleichfalls hat mich immer neu beeindruckt, wie es Jugendlichen oft nicht ausreicht, sich lediglich dem Genuss materieller Dinge hinzugeben.

Freilich gibt es auch das andere: Wenn in jüngster Vergangenheit **rechtsradikale Jugendliche,** vor allem in den neuen Bundesländern, Ausländer totgeschlagen oder krankenhausreif geprügelt haben, waren wahrscheinlich Teile der Gesellschaft einschließlich der Erwachsenen an diesem Ungeist nicht unschuldig. Mag jugendliche Radikalität, verbunden mit edlem Idealismus, Denkvermögen und der Bereitschaft, Verantwortung zu übernehmen, auch ein großer Gewinn für die Gesellschaft sein; ist kritisches Denkvermögen bei Jugendlichen schwach entwickelt oder wird es gar nicht gepflegt, kann solche jugendliche Radikalität zu einer ernsten Gefahr für die Gesellschaft werden. Hier zeigt sich, dass Jugendliche, ja sogar junge Erwachsene in Gefahr stehen, zu Hassgefühlen manipuliert zu werden oder solche pflegen, mit möglicherweise verheerenden Folgen wie bei dem jüngsten Massenmord durch Anders Breivik in Norwegen (22. Juli 2011).

Selbst das linksextreme Gedankengut findet trotz des Scheiterns des Kommunismus weltweit noch immer Anhänger, auch bei Jugendlichen. So gibt es beispielsweise seit 1987 sowohl in Hamburg als auch in Berlin wiederholt

Ausschreitungen linksextremer Gruppen. In manchen Jahren kam es zu offenen Straßenschlachten mit der Polizei oder, wie in diesem Jahr in Berlin, zum Verbrennen vieler Autos.

Nicht nur in England, sondern auch bei uns in Deutschland, etwa in Berlin-Neukölln, beklagen Lehrer die geringe Lernbereitschaft, Respektlosigkeit und Gewalt von Schülern. Es gilt, die Ursachen hierfür zu erforschen und Abhilfe zu schaffen.

Die Botschaft Jesu ist eine Revolution hinsichtlich aller bisherigen Vorstellungen von Gott. Darum sind Jugendliche, die in dieser Lebensphase das Revolutionäre besonders lieben, besonders geeignet, dieser himmlischen Revolution zu entsprechen:

„Was keiner wagt, das sollt ihr wagen
was keiner sagt, das sagt heraus
was keiner denkt, das wagt zu denken
was keiner anfängt, das führt aus

Wenn keiner ja sagt, sollt ihr's sagen
wenn keiner nein sagt, sagt doch nein
wenn alle zweifeln, wagt zu glauben
wenn alle mittun, steht allein

Wo alle loben, habt Bedenken
wo alle spotten, spottet nicht
wo alle geizen, wagt zu schenken
wo alles dunkel ist, macht Licht

Das Kreuz des Jesus Christus
durchkreuzt was ist
und macht alles neu." (L. Zenetti)

III REIF WERDEN UND VERANTWORTUNG BEWÄHREN (LEBENSMITTE)

Die Sturm- und Drangjahre gehen unmerklich über in die Zeit der Verantwortung. Das Suchen und Tasten beim Übergang von Verliebtheiten zu Lebenspartnerschaften oder zur Ehe, das Suchen und Tasten bei der Ausschau nach einem Arbeitsplatz sind heute mühevoller als früher, aber danach kommt „**die Lebensphase der vollen Kraft**“ (Romano Guardini).

Es ist die Zeit, in der ein Mensch am ehesten bereit ist, Lasten auf sich zu nehmen und sich in tausend Aktivitäten zu verzehren. Die Ideale der Jugendzeit warten ja förmlich darauf, zu hundert Prozent in die Tat umgesetzt zu werden! Nichts ist dem Menschen jetzt zuviel; er meint, alles zu können, alles zu schaffen und die ganze Welt erobern zu können.

Es ist ja so großartig, eine Familie zu gründen, sich im Beruf zu bewähren, Kinder großzuziehen. Alles wächst, alles weitet sich, die Möglichkeiten des Lebens scheinen grenzenlos zu sein.

Aber dann plötzlich: **Die Erfahrung der Krise**, fast dramatisch erlitten.

Die Blütezeit ungetrübter Verliebtheit weicht oft einem **Ehe- oder Partnerschaftsalltag** mit vielfältigen kleinen Ärgernissen, kritischen Untertönen und schnellerer Verletzlichkeit als zuvor.

Die Kinder, die früher so „niedlich“, „lieb“ und „proper“ waren, von aller Welt bewundert, gehen jetzt ihre eigenen, eigenwilligen Wege und lassen die Eltern mit ihren „verstaubten“ Ansichten zurück.

Der **Traumjob,** zu dem ursprünglich Freunde gratulierten, zeigt sich auch als Ort reich an Ärger, menschlichen Unzulänglichkeiten, neidischen Kollegen, launischen Chefs und unerwarteten Hindernissen. Die Arbeitslast häuft sich. Die Anforderungen scheinen kein Ende nehmen zu wollen.

Während es ursprünglich im Leben kaum ein Problem gab, das unlösbar schien, während ursprünglich eine fast unerschöpfliche Reserve an Kraft, Ideen, Liebe und Initiative vorhanden zu sein schien, zeigen sich plötzlich die **Grenzen:**

Das Scheitern von Idealen an fehlerhaften Menschen und Umständen, die ich nur sehr begrenzt ändern kann; die Gefährdung der Partnerschaft und Ehe; die Erfahrung, dass Arbeit ausufern kann und ermüdet; das Wissen, dass man kein Patentrezept für eine glückliche Familie hat und dass auch die körperlichen und seelischen Vorräte begrenzt sind.

Mitten im Leben steigen Freunde einfach aus der Ehe aus; Menschen, die einem nahestehen, nehmen sich das Leben; wieder andere verlieren ihren Arbeitsplatz oder haben mit einer plötzlich aufgetretenen Krankheit lebenslang zu kämpfen. Viele Personen in ihrer Lebensmitte sehen ihr Leben oft als Scherbenhaufen, vor dem sie hilflos stehen. Verwandte, Bekannte und Kollegen hat der Tod einfach von der irdischen Bühne weggeholt: Krebs, Herzinfarkt, Verkehrsunfall.

Es weicht in dieser Zeit bei vielen Menschen der jugendliche Optimismus einer resignativen Ernüchterung und einer Neigung, die Dinge dieser Welt in überwiegend dunklen Farben zu sehen.

So ist die Zeit der Lebensmitte die Zeit der Bewährung, für Christen die Zeit der Bewährung des Vertrauens zu Gott, der sie führt. Dieser Gott testet die Seinen mitten auf der Höhe des Lebens.

Die Krise in der Partnerschaft oder Ehe lässt uns fragen: Sehen wir Partnerschaft oder Ehe wie ein Fertighaus oder ein Gebäude, an dem ständig konstruiert und repariert werden muss? Diese Krise soll ans Licht kommen lassen, ob wir eine Ehe auf dem schwankenden Boden unserer Gefühle bauen oder auf dem festen Grund Gottes. Dieser Grund bleibt auch dann bestehen, wenn Gefühle zeitweilig abebben und Ehepartner eine kritische Phase ihrer Beziehung durchleben und durchleiden. Dieser Quellgrund schafft neue Liebe auch dort, wo Menschen schwach und schuldig geworden sind.

Die **Krise in der Erziehung** schafft Raum für die Fragen: Sollen unsere erzieherischen Bemühungen nur unserer persönlichen oder familiären Eitelkeit oder unserer Familientradition dienen? Tragen diese Bemühungen wirklich dazu bei, dass unsere Kinder zu Gott hingeführt und mit seiner Hilfe instandgesetzt werden, das Leben zu meistern? Wollen wir in unserer Erziehung uns selbst verwirklichen oder Gott dienen?

Die **Krise an unserem Arbeitsplatz** gibt uns eine Chance herauszufinden, was unser Gott ist: der Götze Erfolg oder der lebendige Gott, der Schöpfer Himmels und der Erde? Diese Krise ermöglicht uns, uns selbstkritisch zu fragen, ob wir lediglich in der Öffentlichkeit einen guten Namen haben wollen oder auch bei Gott. Der Herr aller Dinge lässt sich nicht davon beeindrucken, was andere Menschen von uns denken.

Die **Krise unserer Gesundheit** gewährt uns die Möglichkeit, der Trugvorstellung abzuschwören, wir würden aus einem fast unerschöpflichen vitalen Vorrat an Lebenskraft leben und glichen einem Motor, der kein Benzin braucht. Nein, dieser Traum ist eine Illusion! Im Gegensatz zu dieser Wahnvorstellung hat der Mensch, der die Grenzen seiner Gesundheit mit Leid an Leib und Seele erfährt, die Möglichkeit, sich Gott ganz in die Arme zu werfen. Dadurch kann der Leidende von Gott Tag für Tag die Kraft erhalten, die nötig ist, den einzelnen Tag zu bestehen.

Das wirklich Aufregende in der Lebensmitte des Menschen sind nicht die Krisen, sondern die Stumpfheit und Dumpfheit vieler Menschen, die meinen, alles „machen“ oder „erledigen“ zu können. Der eigentliche Skandal menschlichen Daseins und der Verrat des Menschen an seinem geistigen Wesen ist, dass viele Menschen Jahr für Jahr ohne tiefere Besinnung leben. Viele Menschen, die sich Tag für Tag in tausend Aktivitäten, Zerstreuungen und Vergnügungen stürzen, scheint die Frage nach Ursprung und Ziel, also nach dem Sinn ihrer ganzen Existenz lästig und überflüssig. Darum ist für viele von ihnen der Tod nichts anderes als das unweigerliche Ende des Lebens.

Dort aber, wo die Wachheit des Geistes Menschen lehrt, nach GOTT zu fragen und ihn zu suchen, da lässt ER sich finden. Da ist es möglich, sich IHM selbst anzuvertrauen mit allen Höhen und Tiefen des Lebens. Da sind auch die Krisen, **die Hindernisse der Lebensmitte,** positive Herausforderungen dafür, Gott nur umso näher zu kommen.

„Manchmal denkt man, Gott müsste einem in all den Widerständen des Lebens ein sichtbares Zeichen geben, das einem hilft. Aber dies ist eben sein Zeichen, dass er einen durchhalten und es wagen und dulden lässt.“(Jochen Klepper)

Das, was uns schon in der Lebensmitte wirklich alt macht und uns schadet, ist kurz gesagt dies: Unversöhnlichkeit, Grübeln über Dinge, die nicht zu lösen sind, Sorgen unter Absehen von dem, was Gott tun kann, unvergebene Schuld, Unzufriedenheit, Neid und Missgunst, Geiz, Klatschsucht und Rufmord, Perfektionismus, Aufschieben von Wichtigem, übertriebenes Selbstmitleid und klagende Wehleidigkeit, mit der wir auch Freunde abstoßen, die an unserem Ergehen aufrichtig interessiert sind.

Das, was uns jung macht, ist, im Sinne des **Gleichnisses Jesu von den anvertrauten Talenten (Matthäus 25, 14-30),** unsere Begabungen in den Dienst Gottes zu stellen. Das bedeutet folgendes:

- Ich beschwere mich nicht bei Gott, dass ich nicht singen kann wie Maria Callas und dass ich nicht malen kann wie Marc Chagall. Vielmehr danke ich Gott für die Gaben, die ich habe und setze sie ein zugunsten meiner Familienmitglieder. Das gilt aber auch für den Einsatz unserer Kräfte zugunsten der Gemeinde Jesu. Wenn doch nur jeder Christ seine Gaben, kleine, größere und große, ganz in den Dienst Gottes in Kirche und Gesellschaft stellen würde! Dies wäre eine so machtvolle Verkündigung Gottes, dass es vielen Menschen schwer würde, diese „Predigt“ zu überhören.

- Ich beleidige Gott nicht, indem ich ihm fälschlicherweise wie der eine Mann in Jesu Gleichnis vorwerfe, hartherzig zu sein und darum meine Gaben vergrabe, also gar nicht erst anwende.

- So stellt das Gleichnis an uns mitten in unserem Leben, vielleicht sogar tatsächlich in der Zeit unserer „Lebensmitte“, die Fragen: Findet sich Gott selbst in unserem Leben wieder? Sind wir treue Mitarbeiter Gottes oder verachten wir seinen Dienst? Wirtschaften wir nur in die eigene Tasche oder sind wir Haushalter Gottes? Geht es uns nur um das eigene Wohl, oder geben wir Gottes Botschaft und Gottes Liebe weiter?

Gleichnis von den anvertrauten Geldern (Talenten) (Matthäus 25,14-30)

25 14 »Es wird so sein wie bei einem Manne, der vor Antritt einer Reise ins Ausland seine Knechte rief und ihnen sein Vermögen (zur Verwaltung) übergab; 15 dem einen gab er fünf Talente, dem andern zwei, dem dritten eins, einem jeden nach seiner Tüchtigkeit; dann reiste er ab.

16 Da ging der, welcher die fünf Talente empfangen hatte, sogleich ans Werk, machte Geschäfte mit dem Geld und gewann andere fünf Talente; 17 ebenso gewann der, welcher die zwei Talente (empfangen hatte), zwei andere dazu.

18 Der (Knecht) aber, welcher das eine Talent erhalten hatte, ging hin, grub ein Loch in die Erde und verbarg darin das Geld seines Herrn.

19 Nach längerer Zeit kam der Herr dieser Knechte zurück und rechnete mit ihnen ab. 20 Da trat der herzu, welcher die fünf Talente empfangen hatte, brachte noch fünf andere Talente mit und sagte: ›Herr, fünf Talente hast du mir übergeben; hier sind noch andere fünf Talente, die ich dazugewonnen habe.‹

21 Da sagte sein Herr zu ihm: ›Schön, du guter und treuer Knecht! Du bist über Wenigem treu gewesen, ich will dich über Vieles setzen: gehe ein zum Freudenmahl deines Herrn!‹ 22 Dann kam auch der (Knecht) herbei, der die zwei Talente (empfangen hatte), und sagte: ›Herr, zwei Talente hast du mir übergeben; hier sind noch zwei andere Talente, die ich dazugewonnen habe.‹ 23 Da sagte sein Herr zu ihm: ›Schön, du guter und treuer Knecht! Du bist über Wenigem treu gewesen, ich will dich über Vieles setzen: gehe ein zum Freudenmahl deines Herrn!‹

24 Da trat auch der herzu, welcher das eine Talent empfangen hatte, und sagte: ›Herr, ich wusste von dir, dass du ein harter Mann bist: du erntest, wo du nicht gesät hast, und sammelst ein, wo du nicht ausgestreut (oder: geworfelt) hast. 25 Da bin ich aus Furcht hingegangen und habe dein Talent in der Erde verborgen: hier hast du dein Geld wieder!‹

26 Da antwortete ihm sein Herr: ›Du böser (= nichtswürdiger) und träger Knecht! Du wusstest, dass ich ernte, wo ich nicht gesät habe, und einsammle, wo ich nicht ausgestreut (oder: geworfelt) habe? 27 Nun, so hättest du mein Geld bei den Bankhaltern anlegen sollen; dann hätte ich bei meiner Rückkehr mein Geld mit Zinsen zurückerhalten. 28 So nehmt ihm nun das Talent ab und gebt es dem, der die zehn Talente hat. 29 Denn jedem, der da hat, wird noch hinzugegeben werden, so dass er Überfluss hat; wer aber nicht (d.h. so gut wie nichts) hat, dem wird auch noch das genommen werden, was er hat. 30 Den unnützen Knecht jedoch werft hinaus in die Finsternis draußen! Dort wird lautes Weinen und Zähneknirschen sein.«

IV **IN HOHEN JAHREN DURCH GOTT FRISCH BLEIBEN (ALTER)**

Johannes Paul I., der Vorvorgänger des jetzigen Papstes, hat in seiner Zeit als Patriarch von Venedig einmal geschrieben: „**Goethe** hat seinen ‚Faust' mit einundachtzig vollendet. **Tizian** hat mit über neunzig sein Selbstporträt gemalt. Im Übrigen sind wir alt für die, die nach uns kommen; für die, die mit uns zusammen alt werden, bleiben wir immer jung. Mit ein bisschen Bosheit könnte man sagen, dass man das Alter mit einer Ziehharmonika berechnet. Als **Gounod** mit vierzig Jahren den ‚Faust' komponierte, fragte man ihn: 'Welches Alter soll Euer Faust im ersten Akt haben?' ‚Mein Gott', antwortete Gounod, ‚wie ein normaler Alter: sechzig Jahre.' Zwanzig Jahre später war Gonoud selbst sechzig. Man stellte ihm dieselbe Frage, und er: ‚Mein Gott, wie eben ein normaler Alter: achtzig Jahre.'"

Ich möchte hinzufügen, was mir einmal **eine Dame** sagte, die mit ihren dreiundachtzig Jahren noch immer sehr eindrucksvoll bei Beerdigungen die Orgel spielte: "Wir über Achtzigjährigen sind nicht die ‚Alten', vielmehr die ‚Ältergewordenen', die ‚Alten' sind die Achtundneunzigjährigen bis Hundertjährigen."

Wer ist also alt? War der frühere Oldenburger **Bischof Wilhelm Stählin** (1883-1975) alt, als er im rüstigen Ruhestand mit einer enormen schöpferischen Kraft ein Buch nach dem anderen schrieb? Als junger Pfarrer erlebte ich, wie er mit 89 Jahren einen 90 Minuten dauernden Vortrag über die 10 Gebote stehend hielt, ohne auf sein Manuskript zu sehen. Dieser Vortrag und zwei weitere Vorträge zu diesem Thema waren so präzise durchdacht und vorgetragen, dass sie ohne große Veränderungen bald danach in Buchform erscheinen konnten.

(Die „Ruhestandsbücher“ Stählins sind noch heute, Jahrzehnte nach ihrem Erscheinen, von hohem Wert!)

Vor einiger Zeit las ich von einer seit 50 Jahren angestellten **Langzeitstudie**, wonach **Menschen mit zunehmendem Alter verantwortungsbewusster, verlässlicher und produktiver** wurden. „Wir fanden heraus, dass sich die psychische Verfassung des Menschen kontinuierlich verbessert“, so das Ergebnis der Experten.

Viele Menschen werden mit zunehmendem Alter gelassener und auch **weiser**. Wissenschaftler fanden heraus, dass alte Menschen ein größeres Verständnis für unterschiedliche Werte und Ansichten haben und sich in Konflikten eher für Kompromisslösungen einsetzen als jüngere Personen. Die statistischen Auswertungen ergaben, dass die Weisheit der älteren Leute weitgehend unabhängig von Intelligenz, Bildung oder Status war. So waren die an den Erforschungen beteiligten Akademiker nicht weiser als die Befragten ohne akademische Bildung. Daraus folgerten die Wissenschaftler, dass man gut beraten sei, Posten, die Weisheit verlangen, wie Vermittlungs- und Verhandlungsaufgaben, mit älteren Leuten zu besetzen; (siehe den Artikel in Spiegel –Online vom 06.04. 2010: „Mit dem Alter kommt tatsächlich die Weisheit“).

Ich habe einmal eine Konfirmandengruppe gebeten, im Arbeitsbuch jeweils zwei **Eigenschaften** anzukreuzen, die am besten zu einem alten Menschen passen. Die meisten Kreuze wurden hinter die Worte „unmodern“, „besserwisserisch“ und „langweilig“ gemacht. Die positiven Eigenschaften „großzügig“, „freundlich“, „erfahren“ und „gütig“ wurden zwar auch gesehen. Sie traten aber hinter den negativen Eigenschaften der Alten in der Sicht der

Konfirmanden deutlich zurück. Als ich nachfragte, was die Konfirmanden an den „Alten“ so langweilig finden, nannten sie u.a.:

“Sie lieben Volksmusik, altmodische Sachen und sind so ordentlich. Auch mögen sie keine Krimis.“ Wie werden in ein paar Jahrzehnten die Konfirmanden votieren, wenn die jetzigen Konfirmanden einmal zu den „Alten“ zählen?

Unsere Zeit lebt nach dem **Motto**: **„Du musst jung sein- egal, wie alt du bist. Und wer nicht mehr jung ist, sollte wenigstens so tun.“** (Peter Hahne)

Wo alt gewordene Menschen auf diese Wahnidee hereinfallen, bringen sie sich um die mögliche Schönheit im „Herbst des Lebens“. Sie rennen hinter einer Zeit ihres Lebens her, die unwiederbringlich zu Ende ist. Sie merken gar nicht, dass sie an den **Vorteilen ihrer Lebensphase** vorbeistürmen: Endlich nicht etwas leisten und sich immer beweisen müssen! Endlich nicht im Dauer- Stress stehen müssen! Endlich sich zurücklehnen, Zusammenhänge überblicken können, nachsinnen und Beziehungen zu Menschen neu pflegen können.

„Nein“, höre ich einige Senioren sagen, „wir sind ja so einsam“. Aber dagegen beherzige doch einfach die Regel: **“Bist du einsam, so besuche einen, der noch einsamer ist.“**

Ruheständler, mach die Welt heller durch kleine Freundlichkeiten, ein hilfreiches Wort, einen lieben Brief. Mach die Welt heller durch einen Anruf bei einem, der sich innerlich zurückzieht. Mach die Welt heller durch kleine Handreichungen, Besorgungen und ehrenamtliche Tätigkeiten, soweit es deine Kräfte erlauben. Du musst ja nicht wie **Konrad Adenauer** (1876-1967) von deinem 73. bis zu deinem 87. Lebensjahr als Bundeskanzler agieren und mit 92

Jahren deine Lebenserinnerungen abschließen; es ist schon eine große Hilfe, wenn du in einem Verein für irgendeinen guten Zweck deinen eigenen Namen und etwas Zeit und Geld investierst. Wer dies nicht mag, kann Großes tun, indem er einen anderen älteren Menschen, der wegen Krankheit oder Gehbeschwerden seine Wohnung nicht mehr verlassen kann, einmal in einem bestimmten Zeitabschnitt regelmäßig besucht.

Der frühere Oldenburger **Oberkirchenrat Heinrich Höpken** (1909-2005) hat bis hoch in sein neuntes Lebensjahrzehnt weiter Vorträge gehalten und gepredigt. Auch im Alter hatte er Jung und Alt viel zu sagen. **Höpkens Ideen für die letzte Lebensphase** sind auch heute noch gültig: **Lerne, zu Deinem Alter zu stehen!** Diesen Grundsatz entfaltet Höpken durch folgende Regeln:

1. Sich den veränderten Lebensumständen **anpassen;**
2. sich von liebgewordenen Dingen **lösen** können;
3. gegen die sich im Alter verstärkenden Charakterschwächen **ankämpfen;**
4. der **Dankbarkeit** und der **Freude** viel mehr Raum geben- nicht nur etwas kommentieren, wenn einer etwas falsch macht;
5. **für Neues immer offen sein** und dabei die drei Redensarten vergessen: „Das haben wir immer so gemacht“, „das haben wir noch nie gemacht“, „da kann ja jeder kommen“, vielmehr:

- das eigene Leben so lange wie möglich selbständig führen, z.B. nicht der Schwiegertochter auftragen, den Kaffee zu holen, wo man ihn doch selbst holen kann;
- sich mit dem Tagesgeschehen auseinandersetzen, so lange es geht;
- den eigenen Begabungen und Interessen gemäß weiter tätig bleiben;
- alte Verbindungen pflegen und neue knüpfen.

In der Bibel haben wir eine **klare Grundrichtung eines durch Gott gesegneten letzten Lebensabschnittes**:

Für einen Christen gilt bis ins hohe, ja höchste Alter, ja selbst in das mögliche Stadium der Senilität und totalen Pflegebedürftigkeit, was Paulus im 2. Brief an die Gemeinde in Korinth schreibt: **„Ist jemand in Christus, so ist er eine neue Kreatur, das Alte ist vergangen, siehe, Neues ist geworden." (2. Korinther 5,17).** Wer durch Gott neu ist, ist ewig jung, wie schwach auch immer er nach Leib, Seele und Geist geworden ist. Er braucht keine künstliche Verjüngung durch lächerliche Imitation junger Menschen.

Wie kann das konkret aussehen?

Wir lesen bei dem Evangelisten Lukas von **Hanna und** von **Simeon**, **zwei betagten Menschen**, von denen wir für unsere letzte Lebenszeit Entscheidendes lernen können **(Lukas 2, 25- 38).**

Da ist **Hanna**, vierundachtzig (oder nach einer anderen Lesart sogar über 100) Jahre alt. Hanna hatte ein schweres Schicksal: Nach nur siebenjähriger Ehe starb ihr Mann. Sie diente fortan nicht dem Selbstmitleid, sondern Gott. Sie besuchte regelmäßig den Tempel. **Sie betete viel und gibt damit vielen allein lebenden, betagten Menschen eine Antwort auf die Frage: „Was können wir denn noch tun?"**

Die Antwort Hannas wäre vermutlich: „Beten: Gott loben! Gott danken, auch als Witwe, auch als Witwer, gemäß dem großartigen Motto Dietrich Bonhoeffers: ‚Die Dankbarkeit verwandelt die Qual der Erinnerung in eine stille

Freude.‘ Vor Gott eintreten für Menschen in Verwandtschaft, Nachbarschaft, Gemeinde und weiter Welt. Vor Gott unablässig eintreten für Menschen in Not und Menschen in Verantwortung. Beten für die Erneuerung der Kirche, beten für Jesu Kommen zur Vollendung der ganzen Menschenwelt. Beten für die Neuschaffung von Himmel und Erde!“

Hanna ist, trotz ihres schweren Lebensschicksals und ihres hohen Lebensalters, ein Beispiel für einen im Herzen jung gebliebenen Menschen. Sie hatte Gott beim Wort genommen und glaubte an die verjüngende Kraft seines Schöpfer-Geistes auch im hohen Alter. Hanna ließ sich daher von Gottes Geist inspirieren und war eine „Prophetin“. Sie war eine Frau, die wie alle inspirierten Menschen ihrer Zeit viel mehr voraus sind als diejenigen, die immer dem „Trend“ hinterherjagen. Hanna: eine biologisch alte, aber durch ihre Hingabe an Gott im Geist und Herzen jung gebliebene Frau.

Eine Frau, die auch deshalb jung geblieben war, weil sie Gott etwas für die nahe und ferne Zukunft zutraute. Sie war eine Frau, von der die Zuversicht der göttlichen Hoffnung ausging.

Dasselbe gilt für **Simeon**: Ebenso wie Hanna und anders als die Menge seiner Zeitgenossen glaubte er fest daran: Gott steht zu seinen Verheißungen! Mag sich ihre Erfüllung auch noch so sehr verzögern: Gott hält, was er einst versprochen hat!

So glaubte Simeon felsenfest daran, dass Gott den versprochenen königlichen Retter der Heilszeit, den „Messias“, auch wirklich senden würde. Als Maria und Josef das kleine Jesuskind nach jüdischem Brauch als Erstgeborenen in den

Tempel brachten, da belohnte Gott das Vertrauen des Simeon. Gott ließ Simeon erkennen:

Dies kleine Kind im Tempel, das ist der „Messias". (Ist diese Szene nicht ein ergreifendes Symbol dafür, wie in Gottes Plan Kinder und Greise, ja Menschen aller Altersstufen, zusammengehören?) Der berühmte **Maler Rembrandt** (1606-1669) war von dieser Geschichte so beeindruckt, dass er sie mindestens neun Mal malte (siehe Hidde Hoekstra, Hg., Die Rembrandt- Bibel, Band I: Geburt und Kindheit Jesu Christi, Neuhausen- Stuttgart 1989, 50-61).

Obgleich man dies wahrscheinlich dem Kind gar nicht ansehen konnte, glaubte Simeon der Stimme des göttlichen Geistes weit über das hinaus, was er mit seinen Augen sehen konnte. Er bat die Eltern, das Kind Jesus auf die Arme nehmen zu dürfen und legte dies wunderschöne Bekenntnis ab: **„Nun kann ich getrost sterben. Denn ich habe ja den Messias, den Retter, in mein Herz geschlossen."**

Das ist ja, was Gott von jedem Christen erhofft: Dass er sich nicht an das Vordergründige verliert und nicht im Irdischen haften bleibt. Gott erwartet von jedem Christen, dass er das eigene Sterben nicht verdrängt und darüber beharrlich schweigt. Vielmehr darf der Christ in dem Wissen, dass der Tag seines Todes gewiss kommen wird, beten: *„Wenn ich einmal soll scheiden, so scheide nicht von mir, wenn ich den Tod soll leiden, so tritt du dann herfür, wenn mir am allerbängsten wird um das Herze sein, so reiß mich aus den Ängsten kraft deiner Angst und Pein."* (EG 85,9)

So darf ein Christ „das Zeitliche segnen", wie es in einem schönen Ausspruch unserer Vorfahren heißt.

Hierzu gehört: Vor dem eigenen Sterben regeln, was man regeln kann; Versöhnung anstreben, wo das möglich ist; den Angehörigen Mut zum Leben, Mut zum Glauben, Lieben und Hoffen zusprechen; Lesungen und Lieder für die eigene Beerdigung und einen nach Möglichkeit biblischen Spruch für die Todesanzeige und das Grabkreuz auswählen!

Simeon ist für uns ein eindrucksvolles Beispiel für einen alt gewordenen Menschen, der um sein Ende weiß und es annimmt. Ein wahrhaft weiser Mensch!

Simeon nimmt sein Ende an, weil er den gefunden hat, der ihn durch das enge Tor des Todes zum Paradies hindurchträgt. So nähert sich Simeon dem unbekannten Tor zu diesem verheißenen Land wahrscheinlich mit einigem Herzklopfen, aber mit der festen Gewissheit: Jenseits dieses Tores werde ich den treffen, der mich liebt. In seiner Liebe weiß ich mich geborgen!

C GRUNDVOLLZÜGE EINES LEBENS AUS GLAUBEN

(Von Paul Gerhardt glauben lernen)

I SICH GEBORGEN WISSEN IN GOTTES LIEBE

(am Beispiel von EG 325 „Sollt ich meinem Gott nicht singen“)

Ein kleines, hilfloses Kind- in den Armen seiner liebenden Mutter oder seines liebenden Vaters geborgen: Ist das nicht etwas, was jeden von uns zutiefst anrührt?

So auch als Konfirmand und Jugendlicher, so auch als Erwachsener in Gott geborgen zu sein! Wäre das nicht etwas Großartiges? Die Burg, die niemand erobern, der Ort, den niemand uns rauben kann!

Ja, das wäre solch ein unangreifbarer Ort für uns, wenn es da nicht all das gäbe, was uns dies zweifelhaft erscheinen lässt: Der **Zeitgeist**, der sagt: Vergiss Gott, ihn kannst du weder sehen noch erfahren. Wende dich dem pulsierenden Leben zu, dem, worauf es wirklich in der Welt ankommt.

Oder die **Katastrophenmeldungen**, die uns täglich erreichen von Kindesmisshandlungen, Entführungen, Unfällen und Terrorhandlungen: Wo ist da ein liebender Gott?

Paul Gerhardt hat also diese Anlässe zum Zweifeln gut gekannt. In dem Dreißigjährigen Krieg, nach dem der dichtende Pastor dieses Lied schreibt, schienen über drei Jahrzehnte Krieg und Not, Pest und Hunger sowie das Ausgeliefertsein an plündernde und mordende Soldaten ohne ein absehbares Ende zu sein. Die Bevölkerung Deutschlands schmilzt in dieser Zeit von 16 auf

4 Millionen Menschen. Hat Gott überhaupt Macht, wenn er hier nicht eingreift? Hat er sich zurückgezogen? Gibt es ihn überhaupt? So mag mancher Mensch in dieser Zeit gefragt haben.

Aber der Liederdichter ist ganz gewiss:

Alles Ding währt seine Zeit, Gottes Lieb in Ewigkeit.

Damit er uns diese Gewissheit mit größtmöglichem Nachdruck vermittelt, lässt er uns so wie der Beter des 136. Psalms am Ende jeder Strophe diese wichtigste aller Wahrheiten wiederholen:

Alles Ding währt seine Zeit, Gottes Lieb in Ewigkeit.

Alles Ding währt seine Zeit, geht also zu Ende, dauert nicht ewig und hat keinen bleibenden Bestand:

Das kann jeder wahrnehmen, der auch nur ein wenig die Welt und ihre Geschichte betrachtet. Demokratisch gewählte Kanzler und Präsidenten werden durch andere ersetzt. Große Herrscher regieren nur eine Zeit. Weltreiche haben nur eine begrenzte Dauer. Auch die mächtigsten Weltreiche fallen oft durch Dekadenz und Disziplinlosigkeit ihrer Verantwortlichen in sich zusammen und werden so leicht eine Beute anderer aufstrebender Mächte.

Menschen, die heute Einfluss haben und bekannt sind, sind morgen schon tot. Aber auch das, was uns heute wichtig erscheint, unser kleines, aber für uns einziges und darum bedeutendes Leben mit all seinen Höhen und Tiefen, mit Glück und Angst, vielleicht ist es morgen schon vorüber.

Das schnelle Zu- Ende- Gehen von wichtigen Abschnitten unseres Lebens wird uns bei besonderen Schnittstellen und Wendepunkten unseres Lebens nachdrücklich bewusst:

Der Ruhestand ist solch ein Einschnitt. **Der Tod eines Ehepartners** ein anderer Einschnitt, **zunehmende Pflegebedürftigkeit** ein weiterer.

Wenn ein aktiver Mensch plötzlich an einen Rollstuhl gefesselt ist, wenn er sich kaum noch rühren kann, dann ist plötzlich vieles von dem zu Ende, was sein Leben ausgemacht hat: Fahrten, um an den Orten des Berufes die Welt mitzugestalten, Reisen, um die schöne Welt zu entdecken. Was bleibt dann noch? Bleibt dann noch überhaupt etwas von dem, was früher das Leben so spannend, bunt und abenteuerlich gemacht hat?

Alles Ding währt seine Zeit, Gottes Lieb in Ewigkeit. Alles, was uns einmal wichtig war, vergeht. Doch Gottes Liebe bleibt, durch die das, was uns wichtig war, aufgehoben ist und in veränderter Gestalt einmal neu zum Tragen kommt!

EG 325 1. *Sollt ich meinem Gott nicht singen? Sollt ich ihm nicht dankbar sein?*
Denn ich seh in allen Dingen, wie so gut er's mit mir mein'.
Ist doch nichts als lauter Lieben das sein treues Herze regt, das ohn Ende hebt und trägt, die in seinem Dienst sich üben.
Alles Ding währt seine Zeit, Gottes Lieb in Ewigkeit.

2. *Wie ein **Adler** sein Gefieder über seine Jungen streckt,*
*also hat auch hin und wieder mich **des Höchsten Arm** bedeckt,*
alsobald im Mutterleibe, da er mir mein Wesen gab
und das Leben, das ich hab und noch diese Stunde treibe.
Alles Ding währt seine Zeit, Gottes Lieb in Ewigkeit.

3. ***Sein Sohn*** *ist ihm nicht zu teuer, nein, er gibt ihn für mich hin,*
dass er mich vom ewgen Feuer durch sein teures Blut gewinn.
O du unergründ'ter Brunnen, wie will doch mein schwacher Geist,
ob er sich gleich hoch befleißt, deine Tief ergründen können?
Alles Ding währt seine Zeit, Gottes Lieb in Ewigkeit.

In diesem Lied, dessen **Melodie ursprünglich für ein Osterlied** bestimmt war, lässt uns der Dichter gleich in der ersten Strophe seine Meinung unmissverständlich in Worte fassen: Es gibt keinen Grund, den Dank an Gott und das Lob Gottes nicht zur Grundmelodie des Lebens werden zu lassen. So wie ein mächtiger Adler imstande ist, seine Jungen zu schützen und das Nest für sie in unangreifbare Höhen baut, so können wir das mächtige Eingreifen Gottes in unserem Leben erfahren: Dass Gott uns, jeden einzelnen von uns, wunderbar geschaffen hat, ist das nicht tiefer Ausdruck seiner großen Liebe?

Dass Gott seinen geliebten Sohn den Weg des Leidens gehen ließ, damit wir von Sünde, Tod und Teufel befreit würden, zeigt das nicht eine Liebe, die wie eine nie versiegende Quelle unausschöpfbar, unausforschbar ist?

4. *Seinen* ***Geist****, den edlen Führer, gibt er mir in seinem Wort, dass er werde mein Regierer*
durch die Welt zur Himmelspfort; dass er mir mein Herz erfülle mit dem hellen Glaubenslicht,
das des Todes Macht zerbricht und die Hölle selbst macht stille.
Alles Ding währt seine Zeit, Gottes Lieb in Ewigkeit.

Hatte nicht Paulus gesagt: „Welche der Geist Gottes treibt, die sind Gottes Kinder.“? (Römer 8,14)

Gibt es also nicht durch Gottes Geist eine klare Erfahrung der Nähe Gottes? Gibt es nicht auch durch Gottes Geist Weisheit, wo irdische Weisheit am Ende ist?

Während eines Urlaubes besuchten meine Frau und ich einmal eine inzwischen verstorbene Cousine in den USA, die dort mit einem Amerikaner verheiratet war. Diese Cousine, die in einer lutherischen Kirchengemeinde engagiert war und sich von einem lebendigen Glauben leiten ließ, fuhr zur Beerdigung ihrer Schwester nach Deutschland, die dort an Krebs gestorben war, noch bevor sie 60 Jahre alt geworden war. War schon der Anlass traurig, so wurden die düsteren Gedanken noch vermehrt, als sie in einen Streit zwischen der Schwiegermutter ihrer verstorbenen Schwester mit dem Mann ihrer Schwester, also mit dem Sohn dieser Frau, hineingezogen wurde und Partei ergreifen sollte.

Sie erbat sich Bedenkzeit und betete zu Gott mit der Bitte, ihr mitzuteilen, was sie den Streithähnen sagen solle. Sie kam am nächsten Morgen wieder, verzichtete auf jede Stellungnahme zu dem eigentlichen Streitpunkt, erinnerte aber diese bitter gewordene Frau daran, dass sie ihren ersten Sohn, als er zur Welt kam, einmal sehr lieb gehabt haben muss. Den Mann ihrer verstorbenen Schwester erinnerte sie daran, dass auch er seine Mutter einmal sehr gerne hatte. Diese Worte, die der Geist Gottes eingegeben hatte, verfehlten ihre Wirkung nicht: Die beiden Personen entschuldigten sich für ihre vorwurfsvollen Worte und ihr Verhalten und fanden eine einvernehmliche Lösung.

5. *Meiner Seele Wohlergehen hat er ja recht wohl bedacht;* ***will dem Leibe Not entstehen,*** *nimmt er's gleichfalls wohl in acht.*
Wenn mein Können, mein Vermögen nichts vermag*, nichts helfen kann, kommt mein Gott und hebt mir an sein Vermögen beizulegen.*
Alles Ding währt seine Zeit, Gottes Lieb in Ewigkeit.

Paul Gerhardt hat in seinem eigenen Leben vier seiner fünf Kinder zu Grabe tragen müssen, stand auch am Totenbett seiner Frau und musste erleben, wie sein Bruder und seine Nichte an der Pest starben. Paul Gerhardt hat also wiederholt tiefste Not, aber auch die Hilfe Gottes, erlebt und sie als Zeichen seiner unendlichen Liebe erfahren.

6. *Himmel, Erd und ihre Heere hat er* ***mir zum Dienst*** *bestellt;*
wo ich nur mein Aug hinkehre, find ich, was mich nährt und hält:
Tier und Kräuter und Getreide; in den Gründen, in der Höh, in den Büschen, in der See,
überall ist meine Weide.
Alles Ding währt seine Zeit, Gottes Lieb in Ewigkeit.

Das Sympathische an Paul Gerhardt ist, dass er die Welt des Glaubens von der Welt der Schöpfung nicht trennt, sondern alles, aber wirklich alles in Gottes Schöpfung als einen Ausdruck der Liebe Gottes zu uns Menschen erkennt: Landtiere, Fische, Pflanzen: Alles erscheint dem Liederdichter als ein Ausdruck der Liebe Gottes zu uns.

7. *Wenn ich schlafe, wacht sein Sorgen und ermuntert mein Gemüt,* ***dass ich alle liebe Morgen schaue neue Lieb und Güt.*** *Wäre mein Gott nicht gewesen, hätte mich sein Angesicht nicht geleitet, wär ich nicht aus so mancher Angst genesen.*
Alles Ding währt seine Zeit, Gottes Lieb in Ewigkeit.

Das, was der Dichter hier in Worte fasst, hat mancher von uns auch schon erlebt: Gerade dann, wenn wir schwach waren, erfuhren wir Gottes Nähe und wurden so durch ihn stark. Gerade dann, wenn wir krank waren, haben wir gespürt: Keine Krankheit oder Traurigkeit ist groß genug, uns von Gott zu trennen, kann vielmehr ein besonderer Anlass Gottes sein, uns zu besuchen und seine Liebe zu zeigen.

8. ***Seine Strafen, seine Schläge,*** *ob sie mir gleich bitter seind, dennoch, wenn ich's recht erwäge, sind es Zeichen, dass mein Freund, der mich liebet, mein gedenke und mich von der schnöden Welt, die uns hart gefangen hält, durch* ***das Kreuze*** *zu ihm lenke.*
Alles Ding währt seine Zeit, Gottes Lieb in Ewigkeit.

Auch Paul Gerhardt wusste, dass Gott nicht wie ein jähzorniger Vater seine Kinder schlägt, dass er uns aber in unserem Leben Enttäuschungen und andere negative Erfahrungen nicht erspart, damit wir uns nicht zu sehr an diese vergehende Welt festklammern, sondern Ausschau halten nach der zukünftigen Welt, die nie vergeht.

Die scheinbaren „Schläge Gottes" zeigen sich nun als besonders tiefgründige Liebesbeweise Gottes. Es ist zwar verständlich, wenn Eltern ihre Kinder vor allem Harten bewahren wollen. Aber ein noch viel größerer Ausdruck ihrer Liebe ist es, wenn sie ihren Kindern Hilfen geben, sich in harten Lebenslagen zu bewähren!

9. *Das weiß ich fürwahr und lasse mir's nicht aus dem Sinne gehn:*
Christenkreuz hat seine Maße *und muss endlich stillestehn.*
Wenn der ***Winter*** *ausgeschneiet, tritt der schöne* ***Sommer*** *ein; also wird auch nach der Pein,*
wer's erwarten kann, erfreuet.
Alles Ding währt seine Zeit, Gottes Lieb in Ewigkeit.

Ein großartiges Bild für einen Menschen in Not, Angst, Einsamkeit, Leid oder Traurigkeit: All diese negativen Mächte gleichen lediglich dem etwas unangenehmen Winter mit seiner oftmals beißenden Kälte und seiner Farblosigkeit. Aber so wie jedem Winter ein blühender Frühling und ein warmer Sommer folgen, so folgt für den Menschen, der sich an Gott hält, nach negativen Erfahrungen eine Zeit des Trostes und der Freude. Auch dies ist wieder nichts anderes als ein Ausdruck der Liebe Gottes.

10. *Weil denn* ***weder Ziel noch Ende sich in Gottes Liebe*** *find't, ei so heb ich meine Hände zu dir, Vater, als dein Kind, bitte, wollst mir Gnade geben, dich aus aller meiner Macht zu umfangen Tag und Nacht hier in meinem ganzen Leben,*
bis ich dich nach dieser Zeit lob und lieb in Ewigkeit.

In der Urfassung des Liedes hat Paul Gerhardt 11 Strophen verwendet, von Gottes Liebe zu sprechen und zu singen und erst in der letzten, der 12. Strophe dargelegt, dass **Gottes Liebe auf unsere Antwort wartet.** (In unserer jetztigen Gesangbuchfassung sind 2 Strophen der Urfassung weggelassen worden.) Wo wir nicht wie der Liederdichter ausführlich und in letzter Tiefe der Liebe Gottes gewiss werden, greift unsere Rede von der menschlichen Liebe zu kurz. Dies ist ein Grund dafür, dass menschliche Liebe oft zu kurzatmig, zu oberflächlich und zu schwach ist. Wenn wir aber ausführlich und in letzter Tiefe die Liebe Gottes spüren und erfassen, dann wird uns desto klarer, wie sehr Gottes Liebe auf unsere Antwort wartet.

Die Bitte Paul Gerhardts in der letzten Strophe des Liedes darf auch unsere Bitte sein: Dass Gott uns Gnade gebe, ihn von ganzem Herzen, von ganzer Seele und mit allen Kräften unseres Lebens zu lieben. Selbst dann, wo uns diese „Gnade" zuteil wird, dass wir aus der Tiefe unseres Herzens Gott lieben, leiden wir doch darunter, dass diese Antwort nur so unvollkommen und mit Fehlern vermengt ausfällt. Wenn wir dies erkennen, dann kann für uns das Wohnen bei Gott nach unserer irdischen Lebenszeit ein großer Trost sein. Denn wer hier in dieser Lebenszeit von Gottes Liebe erwärmt und zu einer Antwort bewegt wird, darf ganz gewiss sein, dass dies mit seinem Tod nicht beendet sein wird. Wir dürfen ganz gewiss sein, dass **die Ewigkeit für uns Christen ein einziges Thema vielfältig vertieft und variiert: Gottes Liebe zu erfahren, zu beantworten und zu erwidern.** Wenn das aber so ist, gibt es dann eine wichtigere Botschaft als diese: **Alles Ding währt seine Zeit, Gottes Lieb in Ewigkeit!?**

II EIN LEBENSWERK SCHAFFEN, DAS BLEIBT
(am Beispiel von EG 497 „Ich weiß, mein Gott, dass all mein Tun“)

MOTTO: **„Ich weiß, HERR, dass des Menschen Tun nicht in seiner Gewalt steht, und es liegt in niemandes Macht, wie er wandle oder seinen Gang richte.“**
(Jeremia 10, 23)

1. *Ich weiß, mein Gott, dass all mein Tun und Werk in deinem Willen ruhn, von dir kommt Glück und Segen; was du regierst, das geht und steht auf rechten, guten Wegen.*

2. Es steht in keines Menschen Macht, dass sein Rat werd ins Werk gebracht
und seines Gangs sich freue;
des Höchsten Rat, der macht's allein, dass Menschenrat gedeihe.

3. *Es fängt so mancher weise Mann ein gutes Werk zwar fröhlich an und bringt's doch nicht zum Stande; er baut ein Schloss und festes Haus, doch nur auf lauterm Sande.*

4. Verleihe mir das edle Licht das sich von deinem Angesicht, in fromme Seelen strecket und da der rechten Weisheit Kraft durch deine Kraft erwecket.

5. Gib mir Verstand aus deiner Höh, auf dass ich ja nicht ruh und steh auf meinem eignen Willen; sei du mein Freund und treuer Rat, was recht ist, zu erfüllen.

6. Prüf alles wohl, und was mir gut, das gib mir ein; was Fleisch und Blut erwählet, das verwehre. Der höchste Zweck, das beste Teil sei deine Lieb und Ehre.

7. *Was dir gefällt, das lass auch mir, o meiner Seelen Sonn und Zier, gefallen und belieben; was dir zuwider, lass mich nicht in Werk und Tat verüben.*

8. Ist's Werk von dir, so hilf zu Glück, ist's Menschentun, so treib zurück und ändre meine Sinnen. Was du nicht wirkst, das pflegt von selbst in kurzem zu zerrinnen.

9. Tritt du zu mir und mache leicht, was mir sonst fast unmöglich deucht, und bring zum guten Ende, was du selbst angefangen hast durch Weisheit deiner Hände.

10. Ist ja der Anfang etwas schwer und muss ich auch ins tiefe Meer der bittern Sorgen treten, so treib mich nur, ohn Unterlass zu seufzen und zu beten.

11. *Wer fleißig betet und dir traut, wird alles, davor sonst ihm graut, mit tapferm Mut bezwingen; sein Sorgenstein wird in der Eil in tausend Stücke springen.*

12. Der Weg zum Guten ist gar wild, mit Dorn und Hecken ausgefüllt; doch wer ihn freudig gehet, kommt endlich, Herr, durch deinen Geist, wo Freud und Wonne stehet.

13. Du bist mein Vater, ich dein Kind; was ich bei mir nicht hab und find, hast du zu aller G'nüge. So hilf nur, dass ich meinen Stand wohl halt und herrlich siege.

14. Dein soll sein aller Ruhm und Ehr, ich will dein Tun je mehr und mehr aus hocherfreuter Seelen vor deinem Volk und aller Welt, so lang ich leb, erzählen.

(Von den anvertrauten Pfunden)

19 11 Als sie dies hörten, fügte er noch ein Gleichnis hinzu, weil er sich in der Nähe
von Jerusalem befand und weil sie meinten, das Reich Gottes würde jetzt sofort
erscheinen.

12 Er sagte also: »Ein Mann von vornehmer Abkunft reiste in ein fernes Land, um für
sich dort die Königswürde zu gewinnen und dann wieder heimzukehren. 13 Er berief
nun zehn seiner Knechte, gab ihnen zehn Minen (oder: Pfunde) und sagte zu ihnen:
›Macht Geschäfte (mit dem Gelde) in der Zeit, während ich verreist bin!‹

14 Seine Mitbürger aber hassten ihn und schickten eine Abordnung hinter ihm her,
durch die sie erklären ließen: ›Wir wollen diesen Mann nicht als König über uns
haben!‹

15 Als er nun nach Empfang der Königswürde heimkehrte, ließ er jene Knechte,
denen er das Geld gegeben hatte, zu sich rufen, um zu erfahren, was für Geschäfte
ein jeder gemacht hätte. 16 Da erschien der erste und sagte: ›Herr, dein Pfund hat
zehn weitere Pfunde eingebracht.‹ 17 Der Herr antwortete ihm: ›Schön, du guter
Knecht! Weil du im Kleinen (= über Wenigem) treu gewesen bist, sollst du die
Verwaltung von zehn Städten erhalten.‹ 18 Dann kam der zweite und sagte: ›Herr,

dein Pfund hat fünf Pfunde hinzugewonnen.‹ 19 Er sagte auch zu diesem: ›Auch du sollst über fünf Städte gesetzt sein!‹

20 Hierauf kam der dritte und sagte: ›Herr, hier ist dein Pfund, das ich in einem Schweißtuch wohlverwahrt gehalten habe; 21 denn ich hatte Furcht vor dir, weil du ein strenger Mann bist: du hebst ab, was du nicht eingelegt hast, und erntest, was du nicht gesät hast.‹

22 Da antwortete er ihm: ›Nach deiner eigenen Aussage will ich dir das Urteil sprechen, du nichtswürdiger Knecht! Du wusstest, dass ich ein strenger Mann bin, dass ich abhebe, was ich nicht eingelegt habe, und ernte, was ich nicht gesät habe? 23 Warum hast du da mein Geld nicht auf eine Bank gebracht? Dann hätte ich es bei meiner Rückkehr mit Zinsen abgehoben.‹

24 Darauf befahl er den Dabeistehenden: ›Nehmt ihm das Pfund weg und gebt es dem, der die zehn Pfund hat.‹

25 Sie erwiderten ihm: ›Herr, er hat ja schon zehn Pfunde.‹ 26 Ich sage euch: Jedem, der da hat, wird (noch dazu) gegeben werden; wer aber nicht hat, dem wird auch das genommen werden, was er hat.

27 Doch jene meine Feinde, die mich nicht zum König über sich gewollt haben, führt hierher und macht sie vor meinen Augen nieder!«

(Lukas 19,11-27)

Wer wünschte sich das nicht, etwas in seinem Leben zu schaffen, was über den Tag und auch über die eigene Lebenszeit hinaus Bestand hat?

Was aber könnte das sein? Was wäre der Gradmesser für die Wichtigkeit des eigenen Tuns?

- Etwa die **Bekanntheit**, mit der man eine Person und ihr Tun zur Kenntnis nimmt? Wenn es so wäre, dann zählten solche Verbrecher wie Hitler und Stalin zu den Bedeutendsten aller Menschen. Schließlich sind sie vielen Millionen Menschen auf der Erde bekannt und werden von manchen noch heute verehrt.

- Etwa der **Einfluss**, den ein berufliches Tun ausübt? Dann müsste der Beruf einer Klatschkolumnistin der Bild- Zeitung von größter Bedeutung sein. Ihre Redaktion rühmt sich damit, 12 Millionen Leser pro Tag zu haben!

- Etwa das **Geld**, das einer verdient? Gehört dazu auch der Vorstandsvorsitzende eines großen Konzerns, der die meisten Arbeitsplätze zugunsten des Betriebsergebnisses und des Aktienwertes dieser Firma vernichtet? Ist er aufgrund dieser „Verdienste" der Verehrungswürdige von allen?

Wir merken, so einfach ist das nicht mit dem **„Lebenswerk, das bleibt".**
An der Größe der Anzeigen und den wohlklingenden Nachrufen können wir jedenfalls die bleibende Bedeutung eines Lebenswerkes nicht ablesen. Denn wenn es danach geht, gehörte ja Beate Uhse zu den Größten!

Jesus hat uns in dem **Gleichnis von den „Anvertrauten Pfunden"** den Weg zu einem bleibenden Lebenswerk gegeben: Ein Fürst zog außer Landes und betraute zehn seiner Knechte mit je einem Pfund, also einer bestimmten Geldsumme, um nach seiner Rückkehr zu sehen, was die Knechte daraus gemacht hätten. Es galt, das anvertraute Vermögen im Sinne dieses Fürsten zu verwalten und zu vermehren.

Zwei der Knechte vermehrten das Kapital ihres Herrn in unterschiedlicher Größe, ein dritter Knecht blieb untätig und passiv. Die beiden ersten wurden von ihrem Herrn gelobt und nach seiner Rückkehr mit größerer Verantwortung betraut, dem dritten Knecht zeigte der Herr die Leere und Nichtsnutzigkeit seines Tuns. Müsste er nicht aus dem Dienst seines Herrn entlassen werden? Dieser Knecht hatte einfach nicht die richtige Einstellung, mit den Gaben seines Herrn in seinem Sinne umzugehen. Was bedeutet diese Geschichte für uns?

Jeder von uns, ausnahmslos jeder, hat eine Begabung von Gott. Nach der Lukasversion dieses Gleichnisses ist es nicht einmal wichtig, ob diese Begabung groß oder klein, aufsehenerregend oder eher unscheinbar ist. Jeder Christ, ausnahmslos jeder, hat ein „Pfund“, eine Begabung von Gott durch Jesus. Jesus, unser Herr, hat nur für eine sehr begrenzte Zeit die Sichtbarkeit dieser Erde verlassen und wird in Herrlichkeit kommen, um den „Ertrag“ unseres Umgangs mit seiner Begabung in Empfang zu nehmen.

Sollte da im Sinne dieses Herrn nichts dabei herausgekommen sein, wird unser ganzes Lebenswerk, auf das wir selbst und vielleicht auch unsere Angehörigen so stolz waren, „verbrennen“. Es wird dann möglicherweise nichts davon einen Platz in der Welt Gottes finden. Alles, was wir mit viel Schweiß und Stolz zustandegebracht haben, wird dann womöglich auf immer verlöschen.- Wir können dann noch froh sein, wenn wir mit nackter Haut von Gott gerettet werden, eben wie dies Paulus im Brief an die Korinther (1. Korinther 3,15) andeutet für viele Menschen, sogar Christen, die ihr Lebenswerk auf alles Mögliche, nur eben nicht auf Jesus Christus gründen.

Von diesem Wissen geht Paul Gerhardt in seinem Lied „Ich weiß, mein Gott“ aus. Die ältere, schon aus dem 16. Jahrhundert stammende Melodie, erklingt wie ein Heroldsruf ewiger, objektiver Wahrheiten. Die Melodie bietet wenig Chancen, subjektiv ichbezogen zu werden und ist darum bestens geeignet, den Inhalt dieses Liedes zu transportieren. Zwar beginnt das Lied mit dem Wort „ICH“, aber dieses ICH kreist nicht um sich selbst, hat vielmehr seinen Ruhepunkt und festen Halt im Wort Gottes, in dem es wie auf einem Fels verankert ist. Die unumstößliche Gewissheit dieses Liedes ist die Gewissheit eines Menschen, der sein Leben auf den Gott der Bibel gegründet hat.

Die Aussagen Paul Gerhardts zu einem „Lebenswerk, das bleibt“, können **wir vier Stichworten** zuordnen:

- **Rechte Wahl:** Welchen **Beruf** soll ich nur ergreifen? So fragt sich mancher Jugendliche. Und wenn ich einen Beruf habe, welche **Entscheidungen** soll ich da treffen, und welchen **Weg** soll ich da gehen? Das sind schwere und folgenreiche Fragen. Nichts sollte hier dem puren Zufall überlassen bleiben. **Dietrich Bonhoeffer** hat einmal dargelegt, dass bei dem Prüfungsprozess herauszufinden, was Gott will, Verstand, Erkenntnisvermögen und aufmerksame Wahrnehmung des Gegebenen in eine lebhafte Aktion treten müssen und dabei für den Christen das Gebet alles umfassen und durchdringen wird. Hier gelte es auch für den Christen, einen hohen Geist der Nüchternheit zu beweisen und zugleich zuversichtlich zu sein, dass Gott selbst durch diesen Prüfungsvorgang hindurch uns seinen Willen verdeutlichen könne. (Dietrich **Bonhoeffer**, Ethik, 5. Aufl. 1961, 145 ff.)

- **Menschenidee oder Gottes Wille:** Viele Menschen planen ihr Leben so, als ob es Gott gar nicht gäbe. So haben sie nach Jesu Rede das Haus ihres Lebens auf Sand gebaut (Matthäus 7, 24ff. Vers 3 des Liedes); irgendeine Katastrophe in ihrem Leben bringt es oft schonungslos an den Tag, oft freilich erst nach geraumer Zeit göttlichen Zuwartens und göttlicher Geduld mit unserer zwar falschen, aber doch eigenständigen Entscheidung. Weil das so sein kann, lässt uns Paul Gerhardt in seinem Lied Gott darum bitten, uns rechtzeitig deutlich zu machen, was SEIN Wille ist (Vers 6 des Liedes). Dabei ist sich Paul Gerhardt bewusst, dass selbst Christen manchmal ihre eigenen falschen Ideen mit Gottes Willen verwechseln- gemäß der ursprünglich dritten Strophe des Liedes, die im heutigen Gesangbuch fehlt: **„**Oft denkt der Mensch in seinem Mut, dies oder jenes sei ihm gut, und ist doch weit gefehlet. Oft sieht er auch für schädlich an, was doch Gott selbst erwählet."

Mühe und Schweiß: Jeder Mensch, in welchem Beruf er auch arbeitet, weiß von der Mühe und dem Schweiß, die Adam nach dem Sündenfall im Blick auf seine Arbeit von Gott angekündigt wurden (1. Mose 3, 17).

Er weiß von dem Stress und manchmal auch von der Vergeblichkeit seines Tuns; er weiß vom Neid anderer Menschen bei gutem Gelingen eines Tuns und von Häme bei einem Misslingen. Manchmal möchte er alles hinwerfen. Aber wer im Gebet all dies und die daraus erwachsenden Sorgen Gott selbst anvertraut (Vers 11), kann sich damit trösten, dass ein bewusstes Leben mit Gott gerade im Beruf ein Weg mit Dornen und Hecken ist (Vers 12) und dass berufliche Probleme, die schier unlöslich erschienen, mit Gottes Hilfe zu einem „guten Ende" geführt werden können (Vers 9). Wichtig ist in jedem Fall, dass Gott dem eigenen, schwachen, menschlichen Werk seinen Segen (Vers 1) und sein Gedeihen (Vers 2) gibt!

Das Ziel: **„Arbeit war sein ganzes Leben"**, so steht es auf mancher Todesanzeige und auf manchem Grabstein. Ist das ein Lob oder ein Tadel? Ein Philosoph des vorigen Jahrhunderts (Max Scheler, zitiert bei H. Thielicke, Theologische Ethik, II/ 1, 1959, S. 492) hat die auf Besinnung verzichtende Arbeitswut vieler neuzeitlicher Menschen als den „Sturz in den Strudel der Geschäfte um der Geschäftigkeit willen" bezeichnet. Dies werde von vielen Menschen in Anspruch genommen als „die neue fragwürdige Medizin, die dem modernen Menschen ... die Illusion eines endlosen Fortganges des Lebens zur unmittelbaren Grundhaltung seiner Existenz werden läßt". Ein Arzt (W. Leibrand, zit. a.a.O., ebd.) spricht von dem „Süchtigkeitsmoment", das in jenem Arbeitseifer liege: „Zwingt man diese Menschen, auch nur sekundenlang zu sich zu kommen, so reagieren sie wie der Morphinist, dem man sein Gift fortnimmt".

Wir werden als Christen die Arbeit weder vergöttlichen noch verteufeln. Am Anfang der Welt, in der wir leben, steht nach dem Zeugnis der Bibel nicht die Tat, sondern das Wort. Gott hat diese Welt durch sein Wort geschaffen. „Und Gott sprach: Es werde Licht, und es ward Licht." (1.Mose 1, 3) Natürlich ist das meiste von dem, was wir schätzen, menschlichen Taten zu verdanken: Wohlstand, technische Errungenschaften, kulturelle Leistungen. Dies alles sind schwache, aber eben in der Regel vernünftige „Imitationen" des göttlichen Schöpferhandelns.

Jedoch geht dem göttlichen Schöpferhandeln sein Wort voran. Dieses Wort verleiht dem Handeln Ursprung, Sinn und Ziel. Ohne Besinnung auf das Wort Gottes, ohne Besinnung auf Ursprung, Sinn und Ziel unserer Arbeit bleibt diese eine oft sklavische, mechanische Tätigkeit. Beim Bau des Münsters in Freiburg wurden drei Steinmetze nach ihrer Arbeit gefragt. Der erste antwortete: „Ich behaue Steine." Der zweite entgegnete: „Ich verdiene Geld." Der dritte überlegte und sprach: „Ich baue am Dom." Nur der Dritte hatte den umfassenden Sinn seiner Tätigkeit erfasst.

Auch in Jesu Auftreten ist seine Botschaft von dem nahekommenden Gottesreich das Erste, seine Heilungen und sonstige „Zeichen" das Zweite. Darum hat für uns Christen Jesu Wort Vorrang vor allem menschlichen Tun. Im göttlichen Wort ist ein schöpferisches Tun am Werk, das viel mehr ist als jede menschliche Tat. Darum zielt Jesu Wort in unserem Leben auf „Frucht" und nicht auf Leistung gemäß dem Wort Jesu: „Ich bin der Weinstock, ihr seid die Reben. Wer in mir bleibt und ich in ihm, der bringt viel Frucht; denn ohne mich könnt ihr nichts tun." (Johannes15, 5)

Sicher wird sich jeder Mensch, auch jeder Christ, über ein positives Echo auf seine Mühe und seinen in Arbeit und Beruf investierten Fleiß freuen. Aber es ist für Christen nicht nötig darauf zu schielen, ob unser Tun allgemein beklatscht wird und überall „ankommt“.

Viele der großen Künstler hätten ihre Arbeit sofort einstellen müssen, wären sie nach dem Geschmack ihrer Zeitgenossen gegangen. Die Reaktionen auf die Verhaltensmuster von Christen liegen ähnlich. Christen sind eben nicht nur „ihrer Zeit“, sondern der Weltzeit und damit dem „Zeitgeist“ weit voraus.

Entsprechend ungünstige Reaktionen sollen uns nicht beunruhigen! Darum brauchen wir auch nicht uns selbst und unseren eigenen „Ruhm“ bei unserem Tun groß herauszukehren: Es reicht aus, bei allen Mühen der täglichen Arbeit Gottes Ruhm und seine Ehre im Auge zu behalten. Daraus erwächst wie von selbst trotz aller auch Christen nicht ersparten Mühe „Freude“ an dem Lebensweg mit Gott (Vers 12), damit auch Freude an dem Beruf und eine noch größere Freude, vielen Menschen von Gott zu erzählen (Vers 14).

Denn ER schafft es, unser fehlerhaftes und fragmentarisches Tun bei sich selbst in der Ewigkeit zu vollenden.

III GOTT LOBEN UND HOFFEN IN EINER VERGEHENDEN WELT (am Beispiel von EG 449 „Die güldne Sonne voll Freud und Wonne")

MOTTO: Jesus Christus spricht: „ Ich bin das Licht der Welt. Wer mir nachfolgt, der wird nicht wandeln in der Finsternis, sondern wird das Licht des Lebens haben." (Johannes 8,12)

BIBLISCHE BEZÜGE

5 8 Denn früher seid ihr zwar Finsternis gewesen, **jetzt aber seid ihr Licht im**
Herrn: führt euren Wandel als Kinder des Lichts – 9 die Frucht des Lichts erweist
sich nämlich in lauter Gütigkeit, Gerechtigkeit und Wahrheit –, 10 und prüfet dabei,
was dem Herrn wohlgefällig ist.

11 Habt auch nichts zu tun mit den unfruchtbaren Werken der Finsternis, legt
vielmehr missbilligend Zeugnis gegen sie ab; 12 denn was im Verborgenen von
ihnen getrieben wird, davon auch nur zu reden ist schandbar. 13 Das alles wird aber,
wenn es aufgedeckt wird, vom Licht getroffen und offenbar gemacht; denn alles, was
offenbar gemacht wird, ist Licht. 14 Daher heißt es auch: **»Wache auf, du Schläfer,**
und stehe auf von den Toten! Dann wird Christus dir aufleuchten (= dich
erleuchten).« (Epheser 5,8-14)

Salz und Licht (Matthäus 5,13-16)

5 13 »Ihr seid das Salz der Erde (= für die Erde)! Wenn aber das Salz fade
(= salzlos) geworden ist, womit soll es wieder gesalzen werden (d.h. seine Salzkraft
zurückerhalten)? Es taugt zu nichts mehr, als aus dem Hause geworfen und von den
Leuten zertreten zu werden (Markus 9,50; Lukas14, 34-35). – 14 **Ihr seid das Licht**
der Welt! Eine Stadt, die oben auf einem Berge liegt, kann nicht verborgen bleiben.
15 Man zündet auch nicht ein Licht an und stellt es unter den Scheffel, sondern auf
den Leuchter (d.h. Lichtständer): dann leuchtet es allen, die im Hause sind (Markus
4,21; Lukas 8,16; 11,33). 16 **Ebenso soll auch euer Licht vor den Menschen**
leuchten, damit sie eure guten Werke sehen und euren Vater, der im Himmel
ist, preisen.«

EG 449 ö 1. ***Die güldne Sonne*** *voll* ***Freud*** *und Wonne bringt unsern Grenzen mit ihrem Glänzen* ***ein herzerquickendes, liebliches Licht.*** *Mein Haupt und Glieder, die lagen darnieder; aber nun steh ich, bin munter und* ***fröhlich****, schaue den Himmel mit meinem Gesicht.*

2. Mein Auge schauet, was Gott gebauet zu seinen Ehren
und uns zu lehren, wie sein Vermögen sei mächtig und groß
und wo die Frommen dann sollen hinkommen, wann sie mit Frieden
von hinnen geschieden aus dieser Erden vergänglichem Schoß.

3. *Lasset uns singen, dem Schöpfer bringen Güter und Gaben;*
was wir nur haben, alles sei Gotte zum Opfer gesetzt!
Die besten Güter sind unsre Gemüter; dankbare Lieder sind Weihrauch und Widder,
an welchen er sich am meisten ergötzt.

4. Abend und Morgen sind seine Sorgen; segnen und mehren, Unglück verwehren
sind seine Werke und Taten allein. Wenn wir uns legen, so ist er zugegen; wenn wir aufstehen, so lässt er aufgehen
über uns seiner Barmherzigkeit Schein.

5. *Ich hab erhoben zu dir hoch droben all meine Sinnen; lass mein Beginnen*
ohn allen Anstoß und glücklich ergehn.
Laster und Schande des Satanas Bande, Fallen und Tücke treib ferne zurücke;
lass mich auf deinen Geboten bestehn.

6. Lass mich mit ***Freuden*** *ohn alles Neiden sehen den Segen, den du wirst legen*
in meines Bruders und Nähesten Haus.
Geiziges Brennen, unchristliches Rennen nach Gut mit Sünde, das tilge geschwinde
von meinem Herzen und wirf es hinaus.

7. Menschliches Wesen, was ist's gewesen? In einer Stunde geht es zugrunde, sobald das Lüftlein des Todes drein bläst.
Alles in allen muss brechen und fallen, Himmel und Erden die müssen das werden, was sie vor ihrer Erschaffung gewest.

8. *Alles vergehet, Gott aber stehet ohn alles Wanken; seine Gedanken, sein Wort und Wille hat ewigen Grund.*
Sein Heil und Gnaden die nehmen nicht Schaden, heilen im Herzen die tödlichen Schmerzen, halten uns zeitlich und ewig gesund.

9. Gott, meine Krone, vergib und schone, lass meine Schulden in Gnad und Hulden aus deinen Augen sein abgewandt.
Sonsten regiere mich, lenke und führe, wie dir's gefället; ich habe gestellet alles in deine Beliebung und Hand.

10. *Willst du mir geben, womit mein Leben ich kann ernähren, so lass mich hören allzeit im Herzen dies heilige Wort:*
»Gott ist das Größte, das Schönste und Beste,
Gott ist das Süßte und Allergewisste, aus allen Schätzen der edelste Hort.«

11. Willst du mich kränken mit Galle tränken, und soll von Plagen ich auch was tragen, wohlan, so mach es, wie dir es beliebt.
Was gut und tüchtig, was schädlich und nichtig meinem Gebeine,
das weißt du alleine, hast niemals keinen zu sehr noch betrübt.

12. Kreuz und Elende, das nimmt ein Ende; nach Meeresbrausen und Windessausen leuchtet der Sonnen gewünschtes Gesicht. Freude die Fülle und ***selige Stille*** *wird mich erwarten im himmlischen Garten; dahin sind meine Gedanken gericht'.*

Das Gottesbild

Kurz vor dem Lied „Die güldne Sonne“ sind zwei Morgenlieder anderer Textdichter entstanden, in denen das Bild der Sonne eine Rolle spielt: „Die güldne Sonne bringt Leben und Wonne, die Finsternis weicht“ (1641), und ein Morgenlied von 1644 beginnt mit den Worten „Ich sehe mit Wonne: die güldne Sonne bricht wieder herein.“

Paul Gerhardts „güldne Sonne“ ist mehr. In der „güldnen Sonne“ erkennen wir schon Gottes Gnade in Christus. Bild und Sache sind bei Paul Gerhardt nicht zu trennen. Gott leuchtet durch Jesus Christus herein in unser Leben. In über 25 Liedern Paul Gerhardts zwischen 1647 und 1666 ist das Sonnengleichnis enthalten, so etwa in dem Weihnachtslied „Ich steh an deiner Krippen hier“: *„Ich lag in tiefster Todesnacht, du warest meine Sonne, die Sonne, die mir zugebracht Licht, Leben, Freud und Wonne. O Sonne, die das werte Licht des Glaubens in mir zugericht‘, wie schön sind deine Strahlen!“* (EG 37,3), oder in dem Lied „Ist Gott für mich, so trete...“: *„Mein Herze geht in Sprüngen und kann nicht traurig sein, ist voller Freud und Singen, sieht lauter Sonnenschein. Die Sonne, die mir lachet, ist mein Herr Jesu Christ; das, was mich singen machet, ist, was im Himmel ist.“*

Was ist das Besondere an der Sonne?

- Als Quelle alles pflanzlichen, tierischen und menschlichen Lebens hat sie eine gewaltige, unvergleichliche Bedeutung.
- Ihre Energie scheint unermesslich zu sein.
- Sie steht jedem zur Verfügung!
- Ohne sie tappen wir im Dunkeln!
- Wo die Sonne leuchtet, beginnen wir uns zu freuen.
- Wenn die Sonne aufgeht, stehen wir auf aus allen Dunkelheiten.
- Niemand kann sich der Sonne ohne Schutz direkt nahen.

In allen diesen Aspekten ist die Sonne ein treffliches Symbol für Gott; wir können verstehen, dass die Ägypter und andere Völker die Sonne als göttlich ansahen. Durch den Gott der Bibel wissen wir, dass sie aber nicht mehr als ein Bild Gottes ist.

Was weiter ist neben dem Bild der Sonne das Gottesbild des Liedes?

- Blicken wir auf die Weisheit und Schönheit in der Schöpfung, dann sehen wir das große Vermögen, die große Kraft Gottes (Vers 2). Dies Vermögen und diese Kraft Gottes werden es am Ende fertigbringen, die Menschen in der neuen Welt Gottes nach ihrem Tod zu vollenden.

Der Gott, den Paul Gerhardt aus der Bibel kennt, ist ein Gott, der segnet und mehrt, der Unglück verwehrt, der Tag und Nacht zugegen ist und den Schein seiner Barmherzigkeit über uns leuchten lässt (Vers 4). Es ist kein Gott der Willkür, der Laune, der Grausamkeit oder übertriebener Strenge, sondern ein gütiger und freundlicher Gott. Dieser Gott ist „das Größte, das Schönste und Beste, Gott ist das Süßeste und Allergewisseste", der edelste aller möglichen Schätze, die wir je besitzen können (Vers 10). Wir spüren, dieser Gott hat diesem Pastor und Dichter in schwerster Zeit das Herz abgewonnen; er hat etwas von der Strahlkraft der göttlichen Liebe erkannt; er hat erkannt, was der Psalmdichter in die ergreifenden Worte gegossen hat: *„Wenn ich nur dich habe, so frage ich nichts nach Himmel und Erde; wenn mir gleich Leib und Seele verschmachtet, so bist du doch, Gott, allezeit meines Herzens Trost und mein Teil"* (Psalm 73, 25 ff.).

DAS MENSCHENBILD

Paul Gerhardt, der in einer fast naiv anmutenden Frömmigkeit in jedem Sonnenstrahl und jeder Blume die Gegenwart Gottes sieht, ist keineswegs naiv und blind hinsichtlich der Wirklichkeit des Menschen. Dieser Mensch braucht Erlösung.

Der Dichter weiß von dem Schuldigwerden dieses Menschen (Vers 9), er weiß, dass Laster und Schande sowie die Fallen, Bande und Tücken des Satans den Menschen gefährden (Vers 5), und dass diese Gefahren am besten mit Gottes Hilfe durch Beachten der göttlichen Gebote abgewehrt werden können (Vers 5). Aber ihm ist auch bewusst, dass wir ohne die göttliche Vergebung vor Gott nicht bestehen könnten (Vers 9) und dass es in unserem Leben ganz wichtig darauf ankommt, dass wir uns von Gott lenken und führen lassen (Vers 9). Die meisten Menschen planen heute so, als habe Gott keinen Einfluss auf ihr Leben und letzten Ende auch kein Recht, auf unser Leben entscheidenden Einfluss zu nehmen.

Paul Gerhardt weiß, dass nicht wenige Menschen nichts anderes zum Ziel haben, als ihr Gut zu vermehren, koste es, was es wolle, dass daraus Geiz entsteht, verbunden mit einem „unchristlichen Rennen nach Gut mit Sünde". Damit will er nichts zu tun haben, Gott möge ihm im Gegenteil Freude an dem Erfolg oder dem Glück seines Mitmenschen schenken!

TROTZ DER VERGÄNGLICHKEIT ALLES IRDISCHEN: ZUR HOFFNUNG UND ZUM EWIGEN LOB GOTTES SIND WIR BERUFEN!

Mit unnachahmlicher Treffsicherheit bringt Paul Gerhardt unsere Vergänglichkeit inmitten einer zum Abbruch bestimmten Welt zum Ausdruck und vermittelt in einem Atemzug Hoffnung und Freude durch den Blick auf Gott, der in unser zu Tode erschrockenes Herz Heilung bringt:

8. ***Alles vergehet, Gott aber stehet ohn alles Wanken; seine Gedanken, sein Wort und Wille hat ewigen Grund. Sein Heil und Gnaden, die nehmen nicht Schaden, heilen im Herzen die tödlichen Schmerzen, halten uns zeitlich und ewig gesund.***

(Diesen Vers hat R. Günther die vollendetste deutsche Strophe vor Goethe genannt.)

Den Blick auf unsere eigene Vergänglichkeit intensiv zu richten, halten wir nicht lange aus; wir schweifen dann ab, wir betäuben uns, wir weichen aus, wir lenken ab. In Wirklichkeit gibt es kaum einen Menschen, der die Zerbrechlichkeit und schnelle Hinfälligkeit zum Tode nicht nachhaltig verdrängt. Wo wir aber von Paul Gerhardt lernen, auf den ewigen Gott zu schauen, auf seine Liebe und seine Macht, seinen Trost und seine Heilkraft bis in die Ewigkeit, da gelingt es uns, ohne Panik und ohne Verdrängung mit Ernst wahrzunehmen, dass wir Menschen solche Wesen sind, die unausweichlich (möglicherweise schon bald) sterben müssen.

Mag auch in unserem Leben mancher Schicksalsschlag und manches Leid den Horizont verdunkeln (Vers 11), das Ende wird für einen Menschen, der sich Gott anvertraut, unendlich freudevoll sein. So wie nach einem Unwetter die helle Sonne uns doppelt erfreut, so wird nach dem „Unwetter" aller Nöte dieser Weltzeit die Sonne der göttlichen Gegenwart uns in jener Welt unendlich beglücken und zur Ruhe kommen lassen:

12. *Kreuz und Elende, das nimmt ein Ende;*
nach Meeresbrausen und Windessausen leuchtet der Sonnen gewünschtes Gesicht.
Freude die Fülle und selige Stille wird mich erwarten im himmlischen Garten;
dahin sind meine Gedanken gericht'.

So wie wir uns in einem schönen Garten wohlfühlen, so werden wir uns in dem himmlischen Garten, in dem himmlischen Paradies, wohlfühlen. Tatsächlich: Kreuz und Elend werden beendet sein, wie es ja auch in der Offenbarung Johannes heißt:

„Gott wird abwischen alle Tränen von ihren Augen, und der Tod wird nicht mehr sein, noch Leid noch Geschrei noch Schmerz wird mehr sein; denn das Erste ist vergangen." (Offenbarung 21, 4)

„Und die Stadt bedarf keiner Sonne noch des Mondes, dass sie ihr scheinen; denn die Herrlichkeit Gottes erleuchtet sie, und ihre Leuchte ist das Lamm. *"* (Offenbarung 21, 23)

Dann hat die Sonne endgültig ihre Funktion beendet, ein Sinnbild der Größe und Unermesslichkeit Gottes zu sein. Wenn Gott in der Mitte der Seinen wohnen wird, wenn Seine Herrlichkeit direkt sichtbar ist, dann braucht es keines geschaffenen Hinweises mehr auf seine Leuchtkraft, Schöpferkraft und Majestät.

Ob nicht jeder schöne Garten unsere Vorfreude auf den himmlischen Garten erhöhen kann?

Das Schönste am himmlischen Garten ist: In ihm wohnt neben uns Menschen, die hier Einlass finden, Gott selbst: Er zeltet in unserer Mitte. Die Freude, die wir schon zu Lebzeiten haben dürfen, die aber immer wieder unterbrochen wird von Trauer und Versagen, diese Freude wird uns dann in Fülle ergreifen und durchdringen.

GEBET

O Gott, du hast uns zu Deinen Mitarbeitern erwählt. Dafür wollen wir Dir danken.

Lass uns Dich und Deinen Willen zum Kompass dienen bei der Berufswahl ebenso wie in der Last täglicher Arbeit, in der Hausarbeit wie im betrieblichen Erwerbsleben.

Verhindere, dass wir uns ohne Besinnung in blanke Arbeit stürzen.

Gib aber Segen dazu, dass wir die Gaben erkennen, die Du uns gegeben hast und dass wir sie zu Deiner Ehre und zur Freude der Menschen auch einsetzen.

Wir bitten Dich für die jungen Leute, die oft nicht den Beruf ihrer Wahl ergreifen können- dass sie doch mit Freude auf die verbleibenden beruflichen Möglichkeiten zugehen.

Wir bitten Dich für ältere Arbeitsnehmer, dass sie nicht zur Seite geschoben werden und ihre Erfahrung von Kollegen und Vorgesetzten wahrgenommen und geschätzt wird.

Wir bitten Dich für Arbeitslose und Rentner, dass sie sich wegen der fehlenden Erwerbsarbeit nicht nutzlos vorkommen, sondern entdecken, dass Du uns liebst unabhängig davon, was wir leisten.

Wir bitten Dich für die Gesellschaft, in der wir leben: Dass nicht lediglich Profit und Rentabilität beachtet werden, sondern der Mensch selbst geachtet und ernstgenommen wird. Gib auch den Gewerkschaften die richtigen Worte und Maßnahmen, dies angemessen zur Geltung zu bringen.

Gib uns, dass wir das Haus unseres Lebens auf Fels bauen, auf das Wort Deiner Liebe und Deines Erbarmens.

Halte Du uns in enger Verbindung mit Dir wie eine Rebe am Weinstock, damit unser Leben nicht lediglich von schnell vergesslichem Erfolg gekrönt wird, sondern Frucht bringt, die aus der Gemeinschaft mit Dir erwächst.

Amen

IV GOTT IN CHRISTUS ANBETEN
(am Beispiel von EG 37 „Ich steh an deiner Krippen hier“)

EG 37 (ö) 1. Ich steh an deiner Krippen hier, o Jesu, du mein Leben;
ich komme, bring und schenke dir, was du mir hast gegeben.
Nimm hin, es ist mein Geist und Sinn, Herz, Seel und Mut, nimm alles hin und lass dir's wohlgefallen.

2. Da ich noch nicht geboren war, da bist du mir geboren und hast mich dir zu eigen gar, eh ich dich kannt, erkoren.
Eh ich durch deine Hand gemacht, da hast du schon bei dir bedacht,
wie du mein wolltest werden.

Dieses sind die ersten beiden Strophen meines Lieblings- Weihnachtsliedes. Dieses Lied ist nie so populär oder berühmt geworden wie etwa „O du fröhliche“ oder „Stille Nacht“, denn es hat eine sehr anspruchsvolle Melodie, die eher für eine Solo- Stimme als für einen Gemeinde- Gesang geeignet ist. Aber wenn man sich die Mühe gemacht hat, sich diese wahrscheinlich von Johann Sebastian **Bach** stammende **Melodie** anzueignen, wird man diese Melodie nie mehr missen wollen. Sie ist eine der schönsten Melodien in unserem Gesangbuch.

„Ich steh an deiner Krippen hier...“ Ja, da stehe ich nun. Etwas zaghaft, denn so ein religiöser Typ bin ich gar nicht. Etwas unbeholfen stehe ich da, denn das Kirchen- Latein ist mir fremd. Die richtigen Worte wollen mir auch gar nicht einfallen, denn ich weiß überhaupt nicht, was man an dem Himmelbett eines Königs- Kindes sagen soll. In Palästen kenne ich mich nicht aus. Ich stehe da etwas verlegen, denn es ist lange her, dass ich gebetet habe.

Ich stehe so hilflos da, wie ich oft vor Weihnachten in Geschäften herumstehe mit der Frage: Was kann ich nur schenken? Worüber würden sich meine Lieben freuen? Ja, worüber können sie sich eigentlich noch freuen, wo sie doch alles haben, was sie zum Leben brauchen?

Ja, ich stehe auch ein wenig abgekämpft und müde da. Der Weihnachtsstress hat mich schlapp gemacht. Wie soll da ein innerer Überschwang entstehen, der Deiner Geburt angemessen wäre?

Ich höre **das Kind in der Krippe** antworten:

„Vergiss den Stress und die Unruhe in dir! Vergiss deine innere Leere und deine Sprachlosigkeit! Lass dich heute in dieser Nacht einmal nicht von deinen Sorgen und Ängsten beherrschen! Gib Raum der Freude! Freu dich einfach über das Geschenk, das ich dir heute Nacht mache:

Mein Geschenk ist nicht die Erfüllung aller deiner Wünsche; mein Geschenk an dich ist viel größer und wertvoller. Ich schenke Dir das Wertvollste, was es gibt: Gemeinschaft mit Gott, Leben mit Gott; ich schenke dir einen für den Rest deines Lebens geöffneten Himmel! Denk an den Verkündigungsengel auf dem Hirtenfeld und die Menge der himmlischen Heerscharen, die normalerweise den Thron Gottes umgeben, nun aber gekommen sind, um dir Anteil zu geben an der Welt Gottes, am Himmel."

Weiter höre ich das **Kind in der Krippe** sagen: **„Vergiss nicht die Hirten!** Sie waren so überwältigt von der Erscheinung und Botschaft, dass sie gar nicht auf den Gedanken kamen, noch vor ihrem Losgehen ein Geschenk zu besorgen. Denn sie wollten doch so schnell wie möglich sehen, ob die Engels- Botschaft wahr ist oder doch nur eine fromme Phantasie, ein Wunschtraum. So kamen sie mit leeren Händen, auch wenn spätere Geschichten- Erzähler dies nicht ertragen konnten und ihnen ein Lämmlein oder ein Schaf als Geschenk an mich auf die Arme legten.

Nein, die Hirten kamen mit leeren Händen, aber enorm gespannt, offen für etwas, was sie noch nie erlebt hatten, was ohne Vorbereitung in ihr armseliges Leben hereinbrach. Darum nimm sie zum Beispiel. Als sie zu der Krippe kamen, mussten sie keine Angst haben. Es war kein Palast. Es war ein Stall, in den sie eintraten. Ställe waren ihnen nicht fremd, Ställe waren ihnen vertraut. Die Hirten spürten: Ich bin geboren worden, um jetzt immer mit ihnen zu gehen. Sie spürten: Das Hauptgeschenk dieser Nacht, das bin ich selbst, das ist mein Leben, das sich mit ihrem Leben auf Dauer verbinden wollte. Darum nimm die Hirten zum Beispiel."

Ich antworte: „Wenn das so ist, dann habe ich alle Furcht vor dir verloren. Denn wenn die Hirten, die vielleicht verlernt hatten, zu beten und kaum noch wussten, wie es in einer Synagoge zugeht, keine Furcht hatten, vor dir niederzuknien, dann habe auch ich Mut dazu.

Was sollte ich dir denn schenken, wo du alles besitzt, das ganze Universum mit den unzählbar vielen Sternen und Galaxien? Darum will ich dir das Wertvollste schenken, was ich habe: Mein Leben, das ich ja dir als Geschenk verdanke.

Ich weiß, du zwingst mich zu nichts. Du hast mir die Freiheit gegeben, dir mein Leben zu widmen und die Freiheit, es für mich, für eigennützige oder für dunkle Zwecke einzusetzen. Aber wenn ich dich da in der Krippe liegen sehe, arm, klein, bescheiden, dann spüre ich, wie du mir entgegenkommst und es mir leicht machen möchtest, dich zu verehren. So knie ich wie die Hirten vor dir nieder und weihe dir mein Leben, nicht nur für diese feierliche Nacht, sondern für den

Rest meiner Lebenszeit: ‚Nimm hin, es ist mein Geist und Sinn, Herz, Seel und Mut, nimm alles hin und lass dir's wohlgefallen.' Denn ich sehe, dass du an mich gedacht hast lange, bevor ich geboren wurde. Du hast mich gesehen und mich in dein Königreich berufen, ehe ich das Licht dieser Erde betreten habe. So spüre ich, dass ich kein Zufallsprodukt bin, sondern von höchstem Wert, weil von deiner Liebe erdacht und erschaffen. Hier hast du mein Leben zurück. Es gehört dir, dir allein gehört es uneingeschränkt. Beschütze es, lenke es, halte es geborgen und aufbewahrt in deinem Herzen!"

Die dritte und vierte Strophe unseres Weihnachtsliedes lauten:

3. Ich lag in tiefster Todesnacht, du warest meine Sonne, die Sonne, die mir zugebracht Licht, Leben, Freud und Wonne.
O Sonne, die das werte Licht des Glaubens in mir zugericht',
wie schön sind deine Strahlen!

4. Ich sehe dich mit Freuden an und kann mich nicht satt sehen;
und weil ich nun nichts weiter kann, bleib ich anbetend stehen.
O dass mein Sinn ein Abgrund wär und meine Seel ein weites Meer,
dass ich dich möchte fassen!

Der Liedermacher Gerhard Schöne (geb. 1952) hat 1990 vier Strophen des Liedes zeitkritisch umgeformt. Gerhardts dritte und vierte Strophe, lauten (umgestellt) bei Schöne:

„Ich sehe dich mit Zweifeln an/ und will mich von dir wenden./ Das Geld, das ich dir geben kann,/ klebt fest an meinen Händen./ Ne kleine Spende bring ich dir,/ dann ist's Gewissen still in mir/ und ich kann besser schlafen.//

Ich lag in tiefer Todesnacht./ Kein Traum will mehr gelingen./ Hab Tür und Fenster zugemacht./ Der Mund mag nicht mehr singen./ O Gott des Lebens, hol mich raus!/ Brich ein in dieses tote Haus/ und mach es hell darinnen."

Ja, das kennen wir alle: Religiöse Lustlosigkeit, religiöse Langeweile, Unfähigkeit, zu singen und zu beten. Aber wer noch singen kann wie Gerhard Schöne „O Gott des Lebens, hol mich raus! Brich ein in dieses tote Haus und mach es hell darinnen", der hat noch nicht verloren. Der hat die große Chance, dass das Weihnachtslicht mit seinem warmen Schein in sein Herz fällt und mit einem Male das Herz hell wird wie ein dunkler Raum durch eine einzige Kerze.

Wir kennen sie alle, diese **Nullpunktsituationen**, die einer **Todesnacht** gleichen. Der eine unter uns ist traurig nach dem Tod eines geliebten Menschen. Der andere fühlt sich tief verletzt und zurückgestoßen durch Mobbing von Kollegen, von denen er es nie erwartet hätte. Wieder ein anderer fühlt sich vom Leben betrogen, weil seine sehnlichsten Wünsche unerfüllt geblieben sind. Nullpunktsituationen, Todesnächten gleich. Für alle diese Situationen gilt von dem, dessen Geburt wir wie eine Geburt in tiefster Nacht feiern: „Ich lag in tiefster Todesnacht, du warest meine Sonne, die Sonne, die mir zugebracht Licht, Leben, Freud und Wonne."

Der in Bethlehem Geborene ist nicht gekommen, dass wir uns für ein paar Stunden einer sehr zerbrechlichen Feststimmung hingeben. Er ist gekommen, Licht in alle unsere Dunkelheiten zu bringen: In die Dunkelheiten unserer Traurigkeiten, unserer Ängste und Verletzungen, unseres Schuldiggewordenseins, in die Dunkelheit, die Krankheit, Arbeitslosigkeit und Tod uns immer wieder bereiten.

Wer nur ein wenig davon ahnt, der sieht diesen in Armut geboren Retter „mit Freuden an und kann sich nicht satt sehen". Der fängt nicht vor der Krippe an zu diskutieren, sondern betet an, still, mit ungelenken Worten oder mit herrlichen Liedern, wie wir sie ja gerade als Weihnachtslieder so vielfältig und zu Herzen gehend besitzen. Das sind Lieder aus vielen Ländern der Erde! Alle strahlen eine unbeschreibliche Freude aus, eben die Freude über dieses Weihnachtsgeschenk, über die Geburt dieses Retters.

Wer also begriffen hat, dass hier nicht ein Königskind unter vielen geboren ist, sondern der Retter aus den Todesnächten, der gibt sich nicht zufrieden mit einer kleinen Aufwallung seiner Gefühle am Weihnachtsabend. Der möchte in einen näheren, einen bleibenden Kontakt mit diesem Retter treten. Der möchte zu einer bleibenden Wohnstatt für ihn werden und kann dies mit den Worten Paul Gerhardts so ausdrücken:

Eins aber, hoff ich, wirst du mir, mein Heiland, nicht versagen:
dass ich dich möge für und für in, bei und an mir tragen.
So lass mich doch dein Kripplein sein; komm, komm und lege bei mir ein dich und all deine Freuden.

Bitte stellen Sie sich eine künstlerisch schön gestaltete Krippe vor, die aber doch zugleich benutzt und beschmutzt ist. Diese Krippe mag ein ansprechendes Bild für unser Herz sein. Da soll Christus durch seine heilende und rettende Kraft den Schmutz besiegen! In diesem Herzen heißen wir den Retter willkommen, da soll er für immer wohnen und hereinleuchten wie ein Stern mit seiner Liebe. Seine Liebe hat sich bewährt durch den Feuerofen des Leidens, Sterbens und siegreichen Auferstehens.

Die beiden letzten Strophen des Liedes (EG 37, 8+9):

8. Du fragest nicht nach Lust der Welt noch nach des Leibes Freuden; du hast dich bei uns eingestellt, an unsrer Statt zu leiden, suchst meiner Seele Herrlichkeit durch Elend und Armseligkeit; das will ich dir nicht wehren.

9. Eins aber, hoff ich, wirst du mir, mein Heiland, nicht versagen dass ich dich möge für und für in, bei und an mir tragen. So lass mich doch dein Kripplein sein; komm, komm und lege bei mir ein dich und all deine Freuden.

„**Paul Gerhardt**- es ist mir immer, als ginge die Sonne auf, wenn dieser Name in mein Gedächtnis tritt“- so hat **Rudolf Alexander Schröder** von seiner Begegnung mit dem Dichter gesprochen. Vielleicht gelingt es ja Paul Gerhardt auch bei uns, den in unserem Herzen groß zu machen, der sich selbst und uns als „Licht der Welt“ bezeichnet hat (Johannes 8, 12). Dann werden auch wir im Widerschein seiner Leuchtkraft „Licht der Welt“ (Matthäus 5, 14). Es ist in der Tat besser um die Welt bestellt, wenn wir auch nur eine Kerze entzünden, statt uns über die Dunkelheit tatenlos erregen.

V SICH ERMUTIGEN LASSEN VON ZEUGEN DES GLAUBENS
(Beispiel: Paul Gerhardt)

PAUL GERHARDT (1607 bis 1676)

wurde am 12. März 1607 in **Gräfenheinichen** bei Wittenberg geboren. Er war Schüler der berühmten Fürstenschule zu **Grimma** (bei Leipzig). Nach dem Studium der Theologie in **Wittenberg** wurde er 1643 Hauslehrer in Berlin, 1651 Propst (Pfarrer) zu **Mittenwalde**, 1657 Pastor an St. Nikolai in **Berlin**. Nachdem der Kurfürst der weitgehend lutherischen Mark Brandenburg zur reformierten Kirche übergetreten war, entließ dieser Paul Gerhardt wegen seiner bekennerhaft lutherischen Position 1667 aus dem Pfarramt. Von 1969 bis zu seinem **Tod am 27. Mai 1676** wirkte Paul Gerhardt als Archidiakonus (Oberpfarrer) in **Lübben/ Spreewald**. In der Kirche von Lübben wurde er begraben.

Paul Gerhardt verlor vier seiner fünf Kinder durch den Tod. Als einziger unter den Kindern überlebte Paul Friedrich seinen Vater Paul Gerhardt. Auch seine Frau musste Paul Gerhardt nach nur 13jähriger Ehe 1668 zu Grabe tragen. Das Leben Paul Gerhardts überschneidet sich voll mit der grausamen Zeit des 30jährigen Krieges (1618 bis 1648), in dessen Folge in unbeschreiblicher Weise Mord, Brandschatzung, Hunger und Pest einhergingen. Der einzige Bruder und eine Nichte Paul Gerhardts fielen der Pest zum Opfer.

Neben Martin Luther gilt Paul Gerhardt als der größte Liederdichter deutscher Sprache, vielleicht sogar der ganzen evangelischen Christenheit. 1647 erschienen erstmals 18 seiner Lieder im Gesangbuch des Kantors von St. Nicolai, Berlin, Johann Crüger. In der 5. Auflage desselben Gesangbuches finden sich sechs Jahre später bereits 88 Gerhardt- Lieder. Im heutigen Evangelischen Gesangbuch (EG) sind 26 Lieder von Paul Gerhardt enthalten.

Die Lieder von Paul Gerhardt sind in viele Sprachen der Welt übersetzt worden, und eine Anzahl seiner Lieder sind auch in das katholische Andachts- und Liederbuch "Gotteslob“ (hg. 1975) mit aufgenommen worden. Komponisten wie Crüger, Ebeling, Bach und Mergner haben seine Dichtungen vertont.

EINZELHEITEN DES LEBENS von PAUL GERHARDT ZUM NACHLESEN UND ALS ANREGUNG FÜR EINE GEMEINDEFEIER

Alle singen: EG 322 (ö) „Nun danket all und bringet Ehr...“

1. *Nun danket all und bringet Ehr, ihr Menschen in der Welt,*
dem, dessen Lob der Engel Heer im Himmel stets vermeld't.

2. Ermuntert euch und singt mit Schall Gott, unserm höchsten Gut,
der seine Wunder überall und große Dinge tut;

3. der uns von Mutterleibe an frisch und gesund erhält
und, wo kein Mensch nicht helfen kann, sich selbst zum Helfer stellt;

4. der, ob wir ihn gleich hoch betrübt, doch bleibet guten Muts,
die Straf erlässt, die Schuld vergibt und tut uns alles Guts.

5. Er gebe uns ein fröhlich Herz, erfrische Geist und Sinn
und werf all Angst, Furcht, Sorg und Schmerz ins Meeres Tiefe hin.

BEGRÜSSUNG, GEBET

KINDHEIT UND SCHULZEIT

Sprecher:

Was ist mein ganzes Wesen von meiner Jugend an als Müh und Not gewesen? Solang ich denken kann, hab ich so manchen Morgen, so manche liebe Nacht mit Kummer und mit Sorgen des Herzens zugebracht.

Erzähler:

Paul Gerhardt wuchs mit zwei Schwestern und einem Bruder in **Kursachsen** (heute Sachsen-Anhalt) auf. Seine Geburt und früheste Kindheit fielen in eine schwere Zeit. Paul war im Alter eines Konfirmanden, 12 Jahre alt, als der Dreißigjährige Krieg ausbrach und den Menschen in weiten Teilen Europas drei Jahrzehnte Plünderung, Brandschatzung und Bedrückung bescherte.

Im Jahr 1619 starb Paul Gerhardts Vater, der als Landwirt, Gastwirt und Bürgermeister des 1000 Seelen-Fleckens **Gräfenhainichen** in der **Nähe von Wittenberg und Halle** tätig gewesen war. Zwei Jahre später entriss der Tod den vier Kindern auch noch die Mutter. Nun musste der verwaiste vierzehnjährige Paul erleben, wie bitter es ist, ohne Mutterliebe und väterliche Fürsorge aufzuwachsen. Dies war besonders hart in den Wirren und Nöten eines solchen Krieges.

Von **1622 bis 1627** besuchte Paul die berühmte **Fürstenschule in Grimma bei Leipzig.**

Er erhielt dort eine ausgezeichnete, aber auch strenge Ausbildung. Der Unterricht erfolgte in Latein. Die Wohnzellen waren unbeheizt. Kontakt mit der Bevölkerung des Ortes oder Teilnahme an Ortsfesten wurde nicht ermöglicht. Heimaturlaub gab es lediglich alle zwei Jahre für 8 bis höchstens 14 Tage.

ALLE singen: EG 351 (ö) „Ist Gott für mich, so trete..."

1. *Ist Gott für mich, so trete gleich alles wider mich; sooft ich ruf und bete, weicht alles hinter sich.*
Hab ich das Haupt zum Freunde und bin geliebt bei Gott, was kann mir tun der Feinde und Widersacher Rott?

13. Mein Herze geht in Sprüngen und kann nicht traurig sein, ist voller Freud und Singen, sieht lauter Sonnenschein.
Die Sonne, die mir lachet, ist mein Herr Jesus Christ; das, was mich singen machet, ist, was im Himmel ist.

Erzähler: Paul Gerhardt **studierte an der Universität Wittenberg von 1628 an**, möglicherweise bis 1642. Gründliche Ausbildung in lutherisch geprägter Lehre ging hier einher mit tiefer Herzensfrömmigkeit und inniger Jesusliebe:

Sprecher: *Herr, mein Hirt, Brunn aller Freuden, du bist mein, ich bin dein, niemand kann uns scheiden.*
Ich bin dein, weil du dein Leben und dein Blut mir zugut in den Tod gegeben;
du bist mein, weil ich dich fasse und dich nicht, o mein Licht, aus dem Herzen lasse.
Lass mich, lass mich hingelangen, da du mich und ich dich ewig werd umfangen.

Erzähler: 1643 treffen wir Paul Gerhardt in **Berlin**. Berlin war in jener Zeit noch nichts anderes als eine brandenburgische Landstadt. Berlin gegenüber lag auf der anderen Seite der Spree die Schwesterstadt Cölln. Dort stand das kurfürstliche Schloss. Die Einwohnerschaft der beiden Gemeinwesen Berlin und Cölln betrug bei Ausbruch des Dreißigjährigen Krieges etwa 14 000 Seelen, sank aber bis auf kaum 6000. So verheerend hatte der Krieg gewütet. Vor allem aber hatten die furchtbaren Pestjahre 1637 und die darauffolgenden Hungerjahre

1639 und 1640 diesen Niedergang bewirkt. Von den 620 Wohnhäusern, die man im Jahr 1645 noch zählte, waren 77 „baufällige Büdchen“, 215 verödet und halb oder gänzlich verfallen, weil ihre Besitzer ausgestorben waren oder in der Verzweiflung ihre Heimat verlassen hatten.

Berlin ist Paul Gerhardt zur zweiten Heimat geworden. Woran lag es, dass er noch immer kein Pfarramt hatte? Wir wissen es nicht. Gewiss konnten in jener Zeit viele Pfarreien nicht besetzt werden, weil viele Kirchen zerstört und die Gemeinden zerstreut waren. Auch waren viele Gemeinden nicht in der Lage, einen Pfarrer anzustellen.

In jener Wartezeit als Kandidat für ein Pfarramt und in den ersten Pfarramtsjahren, in einem **Jahrzehnt von 1643 bis 1653,** entstanden die wertvollsten von Paul Gerhardts Liedern. „Entdeckt“ wurde die enorme sprachliche Kraft Paul Gerhardts von dem Kantor an der Kirche St. Nicolai in Berlin, **Johann Crüger**. Die Lieder Paul Gerhardts haben in Johann Crüger ihren **musikalischen Deuter, Tonsetzer und Herausgeber** gefunden, der sie mit seinen Melodien der Gemeinde ins Herz gesungen hat. Wie Paul Gerhardt hat **auch Crüger schweres Leid** erlebt. Die fünf Kinder seiner ersten Ehe musste er alle, von den vierzehn Kindern seiner zweiten Ehe sehr viele begraben.

ALLE singen: EG 529 (ö) „Ich bin ein Gast auf Erden...“

(Melodie „O Haupt voll Blut und Wunden“)

1. *Ich bin ein Gast auf Erden und hab hier keinen Stand; der Himmel soll mir werden, da ist mein Vaterland.*
Hier reis ich bis zum Grabe; dort in der ewgen Ruh ist Gottes Gnadengabe, die schließt all Arbeit zu.

6. So will ich zwar nun treiben mein Leben durch die Welt, doch denk ich nicht zu bleiben in diesem fremden Zelt. Ich wandre meine Straße, die zu der Heimat führt, da mich ohn alle Maße mein Vater trösten wird.

7. Mein Heimat ist dort droben, da aller Engel Schar den großen Herrscher loben, der alles ganz und gar in seinen Händen träget und für und für erhält,
auch alles hebt und leget, wie es ihm wohlgefällt.

Interpret: Für die meisten Menschen heute ist das Diesseits alles, die von Gott in Aussicht gestellte kommende Welt eher vage und irreal. Darum ist für die meisten Menschen heute der Tod eine wahre Tragödie, weil das eigentliche, das wirkliche Leben zu Ende ist und das, was kommen könnte, für diese Menschen kaum greifbar und darum bedeutungslos ist.

Nicht so für viele Christen früherer Zeiten, für die die Haltung Paul Gerhardts ganz typisch ist: Er weiß mit Paulus, dass seine eigentliche Heimat im Himmel ist (Philipper 3, 20); er weiß mit dem Neuen Testament, dass er darum hier auf Erden in der Fremde lebt (z.B. Hebräer 11, 11; 1. Petrus 2,11), im Übergang, nicht im Endgültigen. So sagt der Dichter gleich in der ersten Zeile seines Gedichtes: „Ich bin ein Gast auf Erden und hab hier keinen Stand; der Himmel soll mir werden, da ist mein Vaterland." In seinem irdischen Leben sieht er nicht mehr als eine Reise zu Gottes neuer Welt, wo die Mühe irdischer Arbeit zum Abschluss, vielleicht auch zu ihrer Vollendung gebracht wird: „Hier reis ich bis zum Grabe; dort in der ewgen Ruh ist Gottes Gnadengabe, die schließt all Arbeit zu."

Obwohl dieses Gerhardt-Lied schon in dem ersten Vers ungeschminkt vom Grab als dem Endpunkt des irdischen Lebens spricht, bleibt der Verfasser dieses Liedes positiv zu diesem Leben eingestellt, wie viele seiner Lieder zeigen, etwa das schöne Lied „Geh aus mein Herz und suche Freud" . Aber trotz dieser

Bejahung des Lebens vergisst der Liederdichter keinen Augenblick, wo sein eigentliches Lebensziel liegt: „So will ich zwar nun treiben mein Leben durch die Welt, doch denk ich nicht zu bleiben in diesem fremden Zelt. Ich wandre meine Straße, die zu der Heimat führt, da mich ohn alle Maße mein Vater trösten wird.“

In der großen Vorfreude auf das zukünftige Leben bei Gott, auf den vollkommenen Trost durch Gott im Himmel konnten Christen wie Johann Crüger und Paul Gerhardt in einer ungemein schweren Zeit mit unbeschreiblich viel Leid, Not und Sterben, in ihren Familien wie in der ganzen Gesellschaft, durchhalten und bestehen. Sie konnten durchhalten und bestehen, weil das zerbrechliche und vor ihren Augen zerbrechende Leben nicht das Einzige und Endgültige war, sondern weil sie als Menschen der Hoffnung auf die Erfüllung ihres Lebens bei Gott lebendig hofften.

FRIEDENSSEHNSUCHT UND –FREUDE

Sprecher:

(ANDREAS GRYPHIUS, THRÄNEN DES VATERLANDES / ANNO 1636)

„Wir sind doch nunmehr ganz, ja mehr den ganz verheeret!

Der frechen Völker Schar, die rasende Posaun

Das vom Blut fette Schwert, die donnernde Karthaun

Hat aller Schweiß, und Fleiß, und Vorrat auf gezehret.

Die Türme stehn in Glut, die Kirch' ist umgekehret.

Das Rahthaus liegt im Graus, die Starken sind zerhaun,

Die Jungfern sind geschänd't, und wo wir hin nur schaun,

Ist Feuer, Pest, und Tod, der Herz und Geist durchfähret.

Hier durch die Schanz und Stadt, rinnt allzeit frisches Blut.

Dreimal sind schon sechs Jahr, als unser Ströme Flut,

Von Leichen fast verstopfft, sich langsam fort gedrungen,

Doch schweig ich noch von dem, was ärger als der Tod,

Was grimmer denn die Pest, und Glut und Hungersnot,

Das auch der Seelen Schatz so vielen abgezwungen."

(Andreas Gryphius, 1616-1664, schlesischer Dichter)

ABGEDANCKTE SOLDATEN, Friedrich von Logau, 1654

Würmer im Gewissen,
Kleider wol zerrissen,
Wolbenarbte Leiber,
Wolgebrauchte Weiber,
Ungewisse Kinder,
Weder Pferd noch Rinder,
Nimmer Brot im Sacke,
Nimmer Geld im Packe,
Haben mit genummen,
Die vom Kriege kummen:
Wer dann hat die Beute?
Eitel fremde Leute.

(Friedrich von Logau, 1605-1655, schlesischer Dichter)

„Schließ zu die Jammerpforten/ und lass an allen Orten/ auf so viel Blutvergießen die Freudenströme fließen!" (Paul Gerhardt)

Erzähler:

Kaum jemals ist ein Land so furchtbar verheert worden wie Sachsen durch das Schwedenheer in den Jahren von 1636 an. Der Geburtsort Paul Gerhardts, Gräfenhainichen, wurde durch die Soldaten fast völlig niedergebrannt. Auch das Vaterhaus Paul Gerhardts mit dem Brauhaus, dem Stall und der Scheune, brannte nieder.

Sprecher:

Ihr vormals schönen Felder, mit frischer Saat bestreut,
jetzt aber lauter Wälder und dürre, wüste Heid.

Erzähler:

Dem Sengen und Morden folgte die Pest; unter den zahlreichen Opfern der Pest befand sich auch Christian Gerhardt, der ältere Bruder unseres Liederdichters. Er starb im Alter von 31 Jahren, nachdem er kurz zuvor seine kleine Tochter ebenfalls durch die Pest verloren hatte. Viele Äcker blieben unbestellt, Verkehr und Handel standen still. In dieser furchtbaren Lage und schweren Heimsuchung schrie das Volk zu Gott:

Sprecher:

Willst du, o Vater, uns denn nicht nun einmal wieder laben? Und sollten wir an deinem Licht nicht wieder Freude haben? Ach gieß aus deines Himmels Haus, Herr, deine Güt und Segen aus auf uns und unsre Häuser!

Erzähler:

Unter der Last und dem Druck des Krieges seufzte das Land. Das Volk sehnte sich nach dem Ende des unsagbaren Jammers und Elends:

Sprecher:

Ach, edle Friedensquelle, schließ deinen Abgrund auf und gib dem Frieden schnelle hier wieder seinen Lauf.
Halt ein die große Flut, die Flut, die eingerissen, so dass man siehet fließen wie Wasser Menschenblut.
Erhebe dich und steure dem Herzleid auf der Erd, bring wieder und erneure die Wohlfahrt deiner Herd.
Lass blühen wie zuvor die Länder, die verheeret, die Kirchen, die zerstöret, durch Krieg und Feuerzorn.

FAMILIENGLÜCK UND –LEID

Sprecher:

Wenn Mann und Weib sich wohlverstehn und unverrückt zusammenstehn im Bande reiner Treue, da geht das Glück in vollem Lauf, da sieht man, wie der Engel Hauf im Himmel selbst sich freue.

Erzähler:

Am **11. Februar 1655** reichte Paul Gerhardt **Anna Maria Berthold**, der jüngsten Tochter des verwitweten Kammergerichtsadvokaten Andreas Berthold, **in Berlin** die Hand zum Bund der **Ehe**. Er stand im 48., sie im 33. Lebensjahr. Warum Paul Gerhardt mit der Gründung eines eigenen Hausstandes so lange gewartet hatte, wissen wir nicht. Vielleicht war sein Einkommen so gering, dass er es noch nicht wagte, um die Hand der Anna Maria zu werben. Vielleicht waren seine Lebens- und Wohnverhältnisse noch so einfach und bescheiden, dass er es ihr nicht zumutete, schon damals ihr Los mit dem seinen zu teilen. Gott hatte schließlich die Bitte unseres Liederdichters erhört:

Sprecher:

Herr, ich bitte dich, erwähle mir aus aller Menschen Meng ein fromme, heil'ge Seele, die an dir fein kleb und häng, auch nach deinem Sinn und Geiste mir stets Trost und Hilfe leiste, Trost, der in der Not besteht, Hilfe, die von Herzen geht.

ALLE singen: EG 325 „Sollt ich meinem Gott nicht singen..."

1. *Sollt ich meinem Gott nicht singen? Sollt ich ihm nicht dankbar sein?*
Denn ich seh in allen Dingen, wie so gut er's mit mir mein'.
Ist doch nichts als lauter Lieben, das sein treues Herze regt,
das ohn Ende hebt und trägt, die in seinem Dienst sich üben.
Alles Ding währt seine Zeit, Gottes Lieb in Ewigkeit.

5. *Meiner Seele Wohlergehen hat er ja recht wohl bedacht;*
will dem Leibe Not entstehen, nimmt er's gleichfalls wohl in acht.
Wenn mein Können, mein Vermögen nichts vermag, nichts helfen kann,
kommt mein Gott und hebt mir an sein Vermögen beizulegen.
Alles Ding währt seine Zeit, Gottes Lieb in Ewigkeit.

HÄUSLICHES LEID

Sprecher:

Ach, es ist ein bittres Leiden und ein rechter Myrrhentrank, sich von seinen Kindern scheiden durch den schweren Todesgang!
Hier geschieht ein Herzensbrechen, das kein Mund kann recht aussprechen.

Erzähler:

Das **erste Kind** des Ehepaares Gerhardt, Maria Elisabeth, **starb** schon nach acht Monaten am 14. Januar 1657.

Sprecher:

Mein herzer Vater, weint ihr noch? Und ihr, die mich geboren, was grämt ihr euch? Was macht ihr doch? Ich bin ja unverloren.

Ach sollt ihr sehen, wie mir's geht und wie mich der so hoch erhöht, der selbst so hoch erhoben, ich weiß, ihr würdet anders tun und meiner Seelen süßes Ruhn mit eurem Munde loben.

Erzähler: Das **zweite Kind**, die Tochter Anna Katharina, **starb** am 25. März 1659 im Alter von 14 Monaten.

Sprecher:

Ach gält es wünschen, wollt ich dich, du Sternlein meiner Seelen, vor allem Weltgut williglich mir wünschen und erwählen.
Ich wollte sagen: Bleib bei mir! Du sollst sein meines Hauses Zier, an dir will ich mein Lieben bis in mein Sterben üben.

So sagt mein Herz und meint es gut, Gott aber meint's noch besser.
Groß ist die Lieb in meinem Mut, in Gott ist sie noch größer.
Ich bin ein Vater und nichts mehr, Gott ist der Väter Haupt und Ehr, ein Quell, da Alt und Jungen in aller Welt entsprungen.

Erzähler:

Der am 30. November 1660 geborene **Andreas lebte nur wenige Stunden.**

Sprecher:

Du bist zwar mein und bleibest mein, wer will mir anders sagen?
Doch bist du nicht nur mein allein;

der Herr von ewgen Tagen, der hat das meiste Recht an dir, der fordert und erhebt von mir dich, o mein Sohn, mein Wille, mein Herz und Wunsches Fülle.

Erzähler:

Am 25. August 1662 konnten die Eheleute nochmals einen Sohn **Paul Friedrich** zur Taufe bringen. **Allein dieses eine von fünf Kindern blieb den vielgeprüften Eltern erhalten und hat beide überlebt.**

Als am 20. September 1665 **das zuletzt geborene Kind** Andreas Christian nach nur sieben Monaten Lebenszeit **starb**, dichtete Paul Gerhardt:

Sprecher:

Ich sehne mich nach meinem Sohn, und der mir ihn gegeben, will, dass er nah an seinem Thron im Himmel solle leben.
Ich sprech: Ach weh, mein Licht verschwind! Gott spricht: Willkomm, du liebes Kind, dich will ich bei mir haben und ewig reichlich laben.

O süßer Rat, o schönes Wort und heil'ger, als wir denken; bei Gott ist ja kein böser Ort, kein Unglück und kein Kränken, kein Angst, kein Mangel, kein Versehn, bei Gott kann keinem Leid geschehn;
wen Gott versorgt und liebet, wird nimmermehr betrübet.

Erzähler:

Am 28. Februar **1668 starb Paul Gerhardts Frau** Anna Maria in ihrem 47. Lebensjahr nach 13jähriger glücklicher Ehe.

Alle singen: EG 361 ö „Befiehl du deine Wege..."

1. Befiehl du deine Wege und was dein Herze kränkt der allertreusten Pflege des, der den Himmel lenkt. Der Wolken, Luft und Winden gibt Wege, Lauf und Bahn, der wird auch Wege finden, da dein Fuß gehen kann.

6. Hoff, o du arme Seele, hoff und sei unverzagt! Gott wird dich aus der Höhle, da dich der Kummer plagt, mit großen Gnaden rücken; erwarte nur die Zeit, so wirst du schon erblicken die Sonn der schönsten Freud.

12. Mach End, o Herr, mach Ende mit aller unsrer Not; stärk unsre Füß und Hände und lass bis in den Tod uns allzeit deiner Pflege und Treu empfohlen sein,
so gehen unsre Wege gewiss zum Himmel ein.

FREUDE UND NÖTE DES KICHLICHEN AMTES

Erzähler:
Bis zum Jahre 1651, Paul Gerhardt war inzwischen 44 Jahre alt, musste er sich seinen Lebensunterhalt als **Hauslehrer** suchen.

Im Jahr 1651 wurde er zum **Propst** in **Mittenwalde** gewählt, das südlich von Berlin an der Heerstraße nach Dresden liegt. Im Mai 1657 wurde er zum Diakonus an die **Nicolai-Kirche nach Berlin** zurückgerufen. Gerade in Berlin aber hatte sich der **Kampf zwischen Luthertum und Calvinismus** sehr zugespitzt.

Die **Mark Brandenburg** war seit der Einführung der Reformation ein streng **lutherisches Land. Kurfürst Johann Sigismund** trat Weihnachten 1613 vom lutherischen zum **reformierten Bekenntnis** über. Ein Aufschrei der Entrüstung ging durch die lutherischen Gemeinden, weil der Kurfürst trotz seines Konfessionswechsels seine Aufsichts- und Hoheitsrechte über die lutherische Landeskirche von Brandenburg in keiner Weise einschränkte, sondern in unverminderter Weise beibehielt.

Ein Dekret des Kurfürsten, welches den lutherischen Pastoren öffentlich alle theologischen Auseinandersetzungen mit den reformierten Lehren verbot, wurde von vielen Pfarrern aus Angst vor Verlust ihres Amtes unterschrieben, nicht aber von einer Minderheit, zu der auch Paul Gerhardt gehörte. In den späteren, staatlich verordneten Unionskirchen lernten zwar lutherische und reformierte Christen und Gemeinden, mehr oder minder gut miteinander zu leben, aber lehrmäßige Unterschiede nährten lange Zeit Vorurteile gegeneinander.

Die Versöhnung zwischen lutherischen und reformierten Lehren ist erst aufgrund neuerer Erkenntnisse in der Bibelforschung im vorigen, im 20. Jahrhundert gelungen. (Nach Erstellung der **„Arnoldshainer Abendmahlsthesen“ – 1957-** war der Weg geebnet, Kanzel- und Abendmahlsgemeinschaft zwischen lutherischen und reformierten Kirchen zu erklären.)

Paul Gerhardt konnte, bei aller Friedfertigkeit im Persönlichen, den Verzicht auf die Auseinandersetzung in Fragen der Glaubenswahrheit nicht mit seinem Gewissen vereinbaren und nahm am Ende seine Amtsenthebung durch den Kurfürsten im Jahre 1666 in Kauf. Aber nun zeigte sich, wie sehr viele Berliner hinter ihrem dichtenden Pastor standen. Die Abgeordneten der Bürgerschaft, die Vertreter der Tuchmacher und Gewandschneider, der Schuhmacher, Bäcker, Kürschner und Zinngießer wandten sich an den Rat, er möge sich beim Kurfürsten für die Wiedereinstellung Paul Gerhardts einsetzen. Aber deren Eingabe hatte keinen Erfolg.

Ein Trost bleibt Paul Gerhardt: Im Jahr seiner Amtsenthebung (1666/67) gibt der Nachfolger Crügers im Nikolaikantorat Berlin, **Johann Georg Ebeling**, in zehn Lieferungen **die erste Gesamtausgabe Gerhardtscher Lieder** mit insgesamt **120 Liedern** heraus. In unserem **heutigen Gesangbuch** sind hiervon **26 Lieder** erhalten, werden also noch 335 Jahre nach dem Tod ihres Dichters gesungen. Sie werden nicht nur in der deutschen Originalsprache gesungen, vielmehr auch in Englisch, Polnisch, Ungarisch, Japanisch, Chinesisch, in skandinavischen, afrikanischen und vielen anderen Sprachen der Welt.

Viele von Paul Gerhardts Liedern haben auch in das katholische Gesangbuch „Gotteslob" (hg. 1975) Eingang gefunden, so etwa „Ich steh an deiner Krippen hier" (GL 141), „O Haupt voll Blut und Wunden" (GL 179), „Nun danket all und bringet Ehr" (GL 267) und „Lobet den Herren alle, die ihn ehren" (GL 671). So sind **Paul Gerhardts Lieder ökumenische Bindeglieder im gemeinsamen Lob Gottes.**

Sicher ist Paul Gerhardt neben Luther der bedeutendste evangelische Liederdichter deutscher Sprache; aber durch die Bildhaftigkeit, Tiefe und Innigkeit seines Denkens und Dichtens spricht er selbst in Übersetzungen Menschen auf der ganzen Welt an. Sie wissen sich von ihm ermuntert, getröstet, im Glauben gestärkt und aufgerichtet.

Vor allem **Menschen mit schweren Schicksalen** haben in den Liedern Paul Gerhardts einen tiefen Trost erfahren.

So schreibt etwa **Dietrich Bonhoeffer** aus dem Gefängnis zu Pfingsten 1943: „Als die Glocken heute früh läuteten, hatte ich große Sehnsucht nach einem Gottesdienst, aber dann habe ich es gemacht wie Johannes auf Patmos und für mich allein einen schönen Gottesdienst gehalten, daß die Einsamkeit nicht zu spüren war, so sehr wart Ihr alle dabei, alle dabei und auch die Gemeinden, in denen ich Pfingsten schon gefeiert habe. Das **Gerhardt'sche Pfingstlied** mit den schönen Versen ‚Du bist ein Geist der Freude...' und ‚Gib Freudigkeit und Stärke' sage ich mir seit gestern Abend alle paar Stunden auf und freue mich daran."

Alle singen EG 133 „Zieh ein zu deinen Toren..."

1. *Zieh ein zu deinen Toren, sei meines Herzens Gast, der du, da ich geboren, mich neu geboren hast, o hochgeliebter Geist des Vaters und des Sohnes, mit beiden gleichen Thrones, mit beiden gleich gepreist.*

6. Du bist ein Geist der Freuden, von Trauern hältst du nichts, erleuchtest uns im Leiden mit deines Trostes Licht. Ach ja, wie manches Mal hast du mit süßen Worten mir aufgetan die Pforten zum güldnen Freudensaal.

12. Gib Freudigkeit und Stärke, zu stehen in dem Streit, den Satans Reich und Werke uns täglich anerbeut. Hilf kämpfen ritterlich, damit wir überwinden und ja zum Dienst der Sünden kein Christ ergebe sich.

Erzähler:
Die letzten Amtsjahre Paul Gerhardts in **Lübben im Spreewald,** von 1668 bis zu seinem Tod am 27. Mai 1676, dienten ganz der Verkündigung und Seelsorge. In der **Kirche** von **Lübben** ist **Paul Gerhardt beigesetzt.** Aus diesen letzten Lebens- und Amtsjahren Paul Gerhardts sind keine weiteren Dichtungen bekannt.

ALLE singen: EG 449 (ö) „Die güldne Sonne..."

7. Menschliches Wesen, was ist's gewesen?

In einer Stunde geht es zugrunde, sobald das Lüftlein des Todes drein bläst.
Alles in allen muss brechen und fallen, Himmel und Erden die müssen das werden, was sie vor ihrer Erschaffung gewest.

8. *Alles vergehet, Gott aber stehet ohn alles Wanken; seine Gedanken, sein Wort und Wille hat ewigen Grund.*
Sein Heil und Gnaden, die nehmen nicht Schaden, heilen im Herzen
die tödlichen Schmerzen, halten uns zeitlich und ewig gesund.

Erzähler:
Von seinem 70. Geburtstag an fühlte Paul Gerhardt den Tod nahen. Schwer wurde ihm der Abschied von dieser Welt nur im Gedenken an seinen erst 13jährigen Sohn. Ihm hat er nach seinem Tod ein Testament hinterlassen, das im Auszug, sprachlich vorsichtig modernisiert, so lautet:

Sprecher:
In deinem Leben folge nicht böser Gesellschaft, sondern dem Willen und Befehl Gottes. Insonderheit:

- *Tue nichts Böses, in der Hoffnung, es werde heimlich bleiben! Denn es wird nichts so fein gesponnen, es kommt an die Sonne.*

- *Es sei denn, dein Amt oder Beruf nötigt dich dazu, gib dich dem Zorn nicht hin! Merkst du denn, dass der Zorn dich erhitzt, so schweige stockstill und rede nicht eher ein Wort, bis du zuerst die Zehn Gebote und das christliche Glaubensbekenntnis für dich selbst zu Ende gebetet hast.*

- *Der fleischlichen, sündigen Lüste schäme dich, und wenn du einst zu solchen Jahren kommst, dass du heiraten kannst, so heirate mit Gott und gutem Rat frommer, getreuer und verständiger Leute.*

- *Tue Leuten Gutes, auch wenn sie es nicht vergelten können.*

- *Den Geiz flieh wie die Hölle. Sei zufrieden mit dem, was du mit Ehre und gutem Gewissen erworben hast, auch wenn es nicht allzuviel ist. Beschert dir aber der liebe Gott etwas mehr, so bitte ihn, dass er dich vor dem unheilvollen Gebrauch des zeitlichen Gutes bewahren wolle.*

- *Kurzgefasst: Bete fleißig, studiere etwas Ehrliches, lebe friedlich, diene redlich und bleibe in deinem Glauben und Bekenntnis beständig, so wirst du einmal auch sterben und von dieser Welt scheiden willig, fröhlich und selig. Amen.*

ALLE singen: EG 449 (ö)

6. *Lass mich mit Freuden ohn alles Neiden sehen den Segen, den du wirst legen in meines Bruders und Nähesten Haus.*
Geiziges Brennen, unchristliches Rennen nach Gut mit Sünde, das tilge geschwinde von meinem Herzen und wirf es hinaus.

10. *Willst du mir geben, womit mein Leben ich kann ernähren, so lass mich hören allzeit im Herzen dies heilige Wort:*
»Gott ist das Größte, das Schönste und Beste, Gott ist das Süßte und Allergewisste, aus allen Schätzen der edelste Hort.«

12. *Kreuz und Elende, das nimmt ein Ende; nach Meeresbrausen und Windessausen leuchtet der Sonnen gewünschtes Gesicht. Freude die Fülle und selige Stille*
wird mich erwarten im himmlischen Garten; dahin sind meine Gedanken gericht'.

GEBET und SEGEN

Printed by Books on Demand GmbH, Norderstedt / Germany